I0704713

-Cómo matar a un dictador-

El presente título se trata de una revisión que he realizado a una pequeña y humilde obra que escribí en 2021, cuando estaba en primero de bachillerato, y que hoy, como universitario, con gran amor e ilusión hacia la literatura, he decidido revisar y, posteriormente, hacer pública. Por aquella época me animé a escribir bastante, tanto así que entré en una espiral de creación sin control, empezando proyectos con poco o ningún propósito profundo, los cuales ni siquiera terminé, es más, los dos últimos de estos superficiales proyectos me consumieron bastante tiempo y energía, llevándome al extremo de no querer escribir más. Por fortuna, este mismo verano de 2024, me ha surgido la idea de revisar mi primera y única obra acabada, pues me parece una lástima que el público jamás vea una obra que se había quedado en la oscuridad por culpa de su propio autor ¿cuánta cultura, obra y pensamiento jamás habrá visto la luz por miedo, desidia o mala fortuna?

-Pablo Martín Moya

Capítulo 1

La extraña historia de la que tengo amplio y codiciado conocimiento, de la que tanto tú como tu tutor tanto se afanan en saber, versa sobre una nación que tenía y tiene el orgullo de contar con una sólida democracia (de partido único), y con un presidente (no electo), muy capaz y loable. No es secreto para nadie que Molburgo gozaba de uno de los jefes de Estado más estrambóticos de la historia, con todos sus efectos colaterales siendo soportados por la ciudadanía (por supuesto), efectos negativos que no emanaban de la vileza del dictador, sino de su inconmensurable estupidez; para los que estábamos afuera, era un placer culposo deleitarnos con la tontura del dictador, no éramos los únicos, pues una grandísima parte del Gobierno y de cargos públicos se encontraban constantemente aplaudiendo como focas los desvaríos de Magno, sacando (evidentemente) buena tajada de ello, mientras que la demás parte de la población se encontraba pasando penurias.

Tal situación no podía durar más de lo que ya había durado, de forma que acabó reventado por ambas partes, resultando en una de las "situaciones políticas" más absurdas y patéticas del último siglo. Sin nada más que añadir por ahora, empezaré mi narración contándoos lo que aconteció poco antes de que Magno promulgara su última ley.

-Señor presidente- dijo una de las azafatas- el baño está siguiendo el pasillo a la derecha.

-Sí, muy bien, gracias- respondió Magno, no muy convencido.

-Señor presidente, la señorita le ha dicho a la derecha- replicó Uriel, uno de los cuatro ministros que siempre estaban con él.

-¿Y?- respondió el presidente, perplejo.

-Pues que usted estaba dirigiéndose hacia la izquierda, mi señor.

-Pero, ¿la derecha no estaba a la izquierda de quién te decía que la derecha...

-¡Mi señor!, la derecha está por ahí- dijo Uriel, alterado, señalando el pasillo contrario.

-Gracias, Uriel, gracias por servir a tu presidente.

-Es un honor y un placer, mi señor.

El glorioso dictador marchó hacia el baño, con un buen par de guardias tras él, evidentemente.

-Señor Uriel- dijo la azafata- ¿cree usted que el presidente tendrá problemas para abrir la puerta del baño?

-Depende del pomo- se dignó a responder el arrogante Uriel, ya que la pregunta parecía legítima- no quiero ni recordar la última vez que las doncellas de palacio cambiaron el pomo de la puerta de su habitación sin previo aviso.

-¿Qué es lo que pasó?- aquella chica era valiente, pues hizo una segunda pregunta, desafiando la terrible actitud de Uriel.

-Nada en realidad, solo que esa noche durmió en un sofá del salón de invitados.

-Dios mío- se le escapó a la azafata.

-Sí, señorita sí, así es nuestro presidente, parece que ya sale del baño.

-Uriel, he descubierto algo extraordinario en el baño- dijo Magno, muy emocionado.

-¿Qué es, mi señor?- respondió Uriel, mirándole de reojo.

-He pulsado un botón y el agua del inodoro se fue, ¡Uriel, se fue!

-Caramba, debe haber sido una experiencia fascinante- contestó su ministro, intentando no suspirar.

-Sí que lo fue, toda una aventura.

-Pues cuando lleguemos a palacio busque ese botón en nuestros inodoros, y cuando termine de usarlos, pulse, a ver si sucede lo mismo- propuso Uriel, rezando para que su propuesta persuadiera al presidente.

-Qué interesante- respondió Magno, con auténtico interés- estoy deseando llegar y probarlo.

-Eso espero señor, pero ahora tenemos que seguir ensayando su discurso.

-Cierto, empezaba así: "Queridos ciudadanos, sabemos..."

-Señor, espere a que regresemos a la sala donde estábamos ensayando- contestó el ministro, desesperado.

-¡No! Yo recitaré mi importantísimo discurso ahora mismo, estemos donde estemos.

-Pero señor- replicó la azafata, pues era valiente- si habla mientras camina puede coger aire.
-Yo quiero empezar ahora...

Magno empezó a lloriquear y patalear, para evitar males mayores, se le dejó que empezase a recitar, lo cual implicó grandes molestias por los graznidos del presidente, mayor desprestigio a su figura y perplejidad general; Magno era como un niño pequeño, siempre hacía lo que quería, las malas lenguas decían que él era así debido a una vacuna, y otras que debido a un balonazo en la secundaria, aunque dichas teorías están lejos de la realidad. Volviendo al tema, el ministro, la azafata y el dictador, regresaron a la sala insonorizada donde se ensayaba el discurso, antes de que salieran a los pasillos para acompañar a Magno, pues tenía que ir al baño.

-Ya estamos de vuelta, si me disculpan- dijo la azafata- me retiraré, necesito una pastilla y un vaso de agua.

Dicho esto, la chica se marchó, sin mirar atrás.

-Voy a tomar mis papeles y ensayar el saludo, empezar es la parte más difícil, y debo recitar todo de memoria, sin errores- explicó Magno.

-Por supuesto, pero recuerde señor, debe empezar el discurso de una manera elegante.

-Lo que pasó la vez anterior fue que Gabriel me aconsejó hablar de una forma juvenil, para conectar con los ciudadanos.

-Y empezó el discurso con un: "¿Cómo está mi gente?". Menuda forma de comenzar un discurso presidencial.

-Perdón, pero ya te dije que fue un consejo de Gabriel, y si lo dice un ministro mío tendrá que ser verdad, ¿para qué me mentiría?

De los cuatro, Gabriel era el de peor actitud, el odio que le tenía la gente era incluso mayor al que le tenían a Magno, pues se le veía como alguien perverso, cínico y con muchas pretensiones.

A pesar de esto, era el ministro que Magno más apreciaba. Mientras Uriel sermoneaba al dictador por lo ocurrido la vez pasada, Gabriel hizo su aparición, pues siempre se cuidaba de estar cerca del sol que más calentase, que en este momento era Magno, más o menos, como ya sabrán ustedes por lo que pasaría dentro de muy poco.

-Mi señor- dijo Gabriel, con una alegría muy bien fingida- cómo me alegro de verle.

-¡Gabriel!- gritó Magno, lleno de entusiasmo-, cuánto te hemos echado en falta.

-Le traigo un presente- dijo Gabriel, mientras se sacaba del bolsillo de la chaqueta una chuchería- es uno de esos chocolates blanditos de los que usted tanto gusta.

-Sí, qué amable, aparte de un delicioso sabor, estos chocolates traen un divertido puzzle, quitar su enrevesado envoltorio, si tan solo tuviesen abrefácil- respondió Magno, con un tono serio.

Mientras el amo y señor de Molburgo se entretenía quitando el envoltorio de un chocolate, Uriel y Gabriel se retiraron para hablar entre ellos (como si importase, tal era el desafío de Magno para abrir el chocolate que no oía nada).

-Gabriel, no deberías gastarle bromas al presidente.

-Tranquilo, Uriel, dentro de muy poco ya no podré gastarle bromas, déjame disfrutar de sus últimos días de vida.

-Esta será su última ley- respondió Uriel, un poco melancólico.

-Así es, la última ley de un hombre de sesenta años que no sabe si hay que cruzar en verde o en rojo, que impuso por decreto que la fecha en la que murió su gato fuese día de luto nacional, que mandó instalar placas solares en las fosas marinas, y la lista sigue y sigue.

Como ya sabemos, para los que estábamos afuera, este espectáculo era un verdadero placer culposo, si bien yo pasé largas temporadas en Molburgo, disponía del privilegio de ir y venir adonde quisiese, (no daré más detalles).

-No podemos permitir más estupideces de este hombre- dijo Uriel, convencido.

-Mientras dure- añadió Gabriel- disfrutemos.

-¡Ya, ya, ya!, lo conseguí, hora de comer.

Al fin Magno pudo retirar el envoltorio y devoró el chocolate. El discurso comenzó al poco tiempo de la escena de la golosina, los convocados estaban expectantes, pues la ley que se iba a aprobar era muy importante; tras los honoríficos, siempre gloriosos, a la par que pedantes (combinación que los hacía parecer una parodia), Magno abrió un cuadernillo y leyó de él, seguramente no recordaba nada de lo que había ensayado.

-Queridos ciudadanos, sabemos que últimamente muchas personas están escapando del país, por ello, he decidido, para que los ciudadanos no escapen, suspender todas las rutas de avión, tren o barco que conecten con el extranjero.

Yo y muchos recordamos esas palabras como si hubiesen sido dichas ayer mismo, la dichosa ley de "No emigración ilegal" (sí, así la llamaban), era la máxima expresión de "matar moscas a cañonazos"; como es obvio, las palabras del presidente desataron una oleada de gritos y dudas en la sala de actos.

-Señor presidente- dijo un joven periodista- esa solución solo empeorará la situación, si corta todas las conexiones con otros países, los ciudadanos no podremos visitar a nuestros parientes en el extranjero, además, al cerrar todas las conexiones, también se eliminarán todas las rutas comerciales, las consecuencias para la economía serán desastrosas.

-Bueno...- respondió Magno con ¿sagacidad?-, hay que tener en cuenta que es por el bien de todos, los ciudadanos no pueden salir del país masivamente, nos quedaríamos sin población, además, la ley no afectará a la economía, si la gente no sale, habrá cada vez más trabajo dentro del país, uno por persona, o incluso más, por ende, no necesitaremos comerciar con ninguna otra nación; pero no os alarméis, tengo una buena noticia, ya tenemos los resultados energéticos de nuestras placas solares abisales.

-¿Cuántos kilovatios tenemos?- preguntó el mismo periodista, ya que, como no estaba comprado, podía hacer preguntas un poco más comprometedoras.

-Pues tenemos- respondió Magno, con la mirada fija en el cuadernillo- 0.5, ¡qué maravilla! Casi uno, en términos porcentuales sería el 100%, ¿me equivoco?

Ese comentario fue el colmo, tras esa paparruchada, algunos periodistas y detractores aprovecharon el desafortunado comentario para armar una pequeña revuelta, en cambio, los oficiales y funcionarios aplaudieron y adularon a Magno, además de ordenar a los guardias que prendieran a los alborotadores, los cuales tuvieron que salir del edificio a toda prisa. El discurso y las propuestas habían sido un desastre, para variar; tras el fiasco, Magno marchó a su palacio, Gabriel y Uriel se fueron juntos, ya ustedes sabrán por qué.

La escena que os acabo de contar, es una de las que más se conoce, sin embargo, lo que muchos investigadores no saben, es que el periodista cuyas preguntas armaron ese caos, era un infiltrado de Alud; como sabréis, la ciudad de Ur, esa gran ciudad cercana a la capital, era la más oprimida del país, pues, ya desde antaño, competía con la capital por ser la ciudad más rica de Molburgo, por ello, cuando llegó la dictadura, en tiempos del predecesor de Magno, se desplegó sobre Ur una vigilancia militar asfixiante, a la par que una carga impositiva y unas sanciones desmesuradas, que llevaron a su población al borde de la revolución, tanto así que, al llegar Magno al poder, Ur fue completamente tomada por el grupo terrorista Alud. Retomando el tema del periodista, este aprovechó el caos para salir, y los suyos lo llevaron al cuartel general de Alud en Ur (no me pregunten en qué parte queda), donde le esperaban el líder del grupo, el conocido como "comandante Camino", y su mano derecha, Tobías, uno de los grandes de Alud.

-¡Comandante!- gritó Tobías- ahí llega Adán.

-El chico viene corriendo, debe de estar muy emocionado.

Adán, nada más llegar, abrazó a Tobías, pues eran como hermanos, al romper el abrazo, miró a los ojos del comandante, con obediencia, y le reportó lo que había ocurrido, pues los discursos de Magno rara vez se emitían en directo.

-Este ha sido el trabajo más divertido que he hecho hasta la fecha- concluyó Adán.

-Por supuesto- respondió Camino- Adán, estuviste genial, le has liado una buena al gran cerdo.

"Cerdo" era uno de los tantos motes que tenía Magno, ya que su rasgo más característico, aparte de su estupidez, era su gran peso, que llegaba a los cien kilos; su gran apetito y su afición al dulce eran famosos, estos son datos que no se deben pasar por alto.

-Tu actuación fue perfecta- añadió Tobías- parecías un periodista de verdad, al menos uno que fuese serio.

-Bueno, el mérito no es todo mío- respondió tímido, Adán- aquí me habéis entrenado para ser impecable, y eso he hecho, de no ser por vosotros nada hubiera pasado hoy.

-No te quites mérito- contestó Tobías- apenas llevas unos meses en Alud y ya tienes un puesto semejante al mío y al de Camino, has llegado muy lejos.

-Y más lejos que vamos a llegar- siguió el comandante- en cuanto tengamos oportunidad, ejecutaremos nuestro gran ataque.

-¿Cuándo tendremos esa oportunidad?- preguntó Adán.
-Eso el tiempo lo dirá- respondió Tobías- ahora vayamos al comedor comunal, todos esperan tu regreso.

El "gran ataque", se refería a un plan con el que Alud soñaba desde hacía mucho tiempo, que era el de matar a Magno, sin embargo, jamás habían tenido una buena oportunidad para ello, ni siquiera hubo intentos de magnicidio anteriores al ataque que Alud realizaría unos días después. Lo más curioso es que, esa misma noche, se fraguará una segunda conspiración contra el presidente, de ahí que, a todo este episodio de la historia de Molburgo, se le llame "La Revolución de las Dos Conspiraciones", al menos, fuera de la propia Molburgo, por obvias razones.

No puedo seguir escribiendo hoy, pues me pilláis bastante ocupado con otros asuntos, pero, en cuanto tenga más tiempo, os volveré a redactar, ni que decir tiene que mandaré este escrito a nuestro contacto lo antes posible, nuestro querido doctor Josué, para que lo haga llegar a ti y a tu tutor.

Cabe resaltar que, de algunas de estas escenas fui testigo directo, y que todo lo que os diga es verdad y es comprobable; como es evidente, no fui testigo de todo, pues me sería imposible desplazarme de un lugar a otro en tan poco tiempo, o incluso estar en dos sitios a la vez.

Capítulo 2

Josué me ha comentado que ya habéis leído la primera carta y que os ha sido muy iluminadora, me alegra mucho poder ser de ayuda en vuestro trabajo de investigación; cuando Josué me propuso participar en este proyecto, no sabía bien qué esperar, pero, al ver que muchos testigos y estudiosos estaban aportando sus datos, yo también me animé a hablar; debo reconocer que temo represalias del Gobierno de Molburgo, por ello tengo a mi anonimato como mi más preciado tesoro, y de no ser Josué de mi entera confianza, no habría mandado ni la primera carta ni esta segunda.

Todo el mundo sabe ya de la reunión que tuvo lugar entre los cuatro ministros, por la noche del mismo día de aquella fatídica rueda de prensa, pero todavía hay debate sobre dónde tuvo lugar, unos dicen que fue en un hotel, otros que en una habitación privada de un teatro, y muchos acuerdan que fue en una estancia secreta del capitolio; no seré yo quién esclarezca esta duda, pero sí os contaré en esta segunda carta las palabras exactas que intercambiaron los cuatro ministros con el sobrino conspirador de Magno, Máximo, el cerebro de la segunda conspiración.

-Si todo ocurre según lo previsto, dentro de un par de minutos deberíamos estar recibiendo la llamada del señor Máximo- dijo Gabriel, mientras daba vueltas alrededor de la mesita del teléfono- espero que no se retrase, pues el día y hora de esta llamada estaban escritos en el plan con tinta roja.

-Todo está listo, no hay ningún cabo suelto, no creo que se retrase en un momento tan vital para el plan- contestó Miguel, que, de los cuatro, era el que más aprecio le tenía al sobrino del dictador.

-¿Qué plan?- replicó Rafael, el más joven de los cuatro- hasta ahora solo hemos hecho lo que se nos ha mandado, sin recibir mayor explicación, se nos ha exigido fe ciega.

-Estás exagerando, Rafael- respondió Miguel- se nos ha proporcionado un plan a seguir, con objeto de allanar el camino para que Máximo pudiese hacer lo que esta noche se nos revelará.

-Lo que va a hacer es matar a Magno, obviamente- añadió Rafael, algo enfadado.

-Eso se dice fácil- dijo Gabriel- pero hacerlo es más difícil, un solo error puede ser fatal.

-Debemos confiar en el señor Máximo- añadió Uriel- él nos ha provisto de todo lo que necesitábamos, nosotros solo hemos tenido que facilitarle su intervención en el país y limpiar sus huellas.

En esto sonó el teléfono, Gabriel, que estaba al lado, lo tomó rápidamente, ya que le iba la vida en ello.

-Buenas noches, señor Máximo- dijo muy dócilmente, lo que contrastaba con su gran ego, el cual era capaz de aplacar con tal de ser la mascota de alguien más fuerte que él, digamos que Gabriel era la típica rémora, que se pega al tiburón.

-Buenas noches, caballeros- saludó de vuelta Máximo, de una forma bastante impersonal- estáis todos, ¿no?

-Sí, señor- respondió Miguel, él sí era dócil por naturaleza- estamos los cuatro aquí, ¿cómo le va por el extranjero?

-Bien, bien- Máximo se aclaró la garganta y siguió- como ya sabéis, todo está listo para culminar mi plan, mis hombres están infiltrados por toda Molburgo, ya nada se nos puede torcer.

Máximo siempre se comportaba de esta forma con ellos, lo cual no es de extrañar, teniendo en cuenta lo que pasó al final de todo. A mí, el sobrino de Magno siempre me pareció una figura extraordinaria y tétrica a la vez, no por nada sigo huyendo de su Gobierno, pero no solo a mí me da esa sensación, Máximo siempre ha estado rodeado de un aura siniestra, seguramente por ello, los consejeros de

Magno lo exiliaron nada más su tío llegó al poder, tras la muerte de su predecesor.

-Señor Máximo- dijo Gabriel, casi gritando por su fingida emoción- explíquenos ya el plan para quitarnos de en medio a Magno, por favor, la espera nos ha consumido por demasiado tiempo.

-Despreocúpate, Gabriel, la duda se extingue ahora, como todos los elementos que necesitaba para que funcione el plan están ya en su lugar, es el momento de comenzar con su ejecución, y para ello, vosotros cuatro sois una pieza clave, de modo que la revelación de este no puede esperar más. La única forma de acabar con el descrédito que nos hacen es matar a mi tío, pero ningún rastro puede apuntar hacia nosotros, por lo tanto, mi plan para deshacernos de él sin dejar huella, pasa por, primero, anunciar la visita de Magno a la ciudad de Ur...

-¿Ur, la ciudad que está tomada por Alud?- cortó Rafael, lo cual fue algo bastante imprudente.

-En efecto- respondió Máximo, intentando no alterarse- tras ser la visita anunciada y programada, el mismo día del evento, mis infiltrados pondrán una bomba en el vagón del presidente, puesto que el viaje lo realizará en esa vieja línea férrea que une ambas ciudades, y cuando mi tío se encuentre a medio camino de llegar a Ur, la bomba explotará.

-Y la bomba, ¿cómo será?- preguntó Miguel, solo por sacar conversación.

-Será del tipo sulfúreo- respondió Máximo- el tipo de bomba por excelencia que emplea Alud; de este modo la culpa será solo suya, y yo tomaré el poder en lugar de mi tío.

-Me parece un plan perfecto- añadió Miguel, pues era la gran rémora.

-¿Cuándo debemos empezar a planear la visita?- preguntó Uriel, visiblemente angustiado.

-Mañana mismo- respondió Máximo-, también mañana mis hombres os harán llegar más detalles, os dejarán el típico mensaje cifrado en esta misma sala, como ya estáis acostumbrados.

-Siempre con la misma discreción- replicó Rafael- ¿cuán grande es el riesgo de todo esto?

Tras ese comentario de Rafael, Máximo colgó el teléfono. A estas alturas, las dudas y sospechas del joven Rafael eran incontables, Máximo parecía colaborar con ellos, pero al mismo tiempo no, dicha discreción resultó, al final, fatal; sin embargo estaba legitimada, pues, aunque Magno fuese imbécil y el pueblo lo odiase, la gran parte de la esfera del poder estaba de su lado, de suerte que si alguno le ponía un dedo encima al dictador, resultaría fusilado de inmediato.

No es de extrañar, pues el dictador original, el que instauró este terrible régimen en Molburgo hace ya cuarenta años, el grandioso Krauz, estableció un terror del que nadie estaba a salvo; por fortuna, Krauz murió (se creé que de una sobredosis de una droga a la que era adicto, aunque la versión oficial dice que fue un infarto), y le sucedió en el poder Magno, aupado por los antiguos consejeros de Krauz, que hicieron de Magno su marioneta, estos consejeros eran harto inteligentes, muestra de ello es que lo primero que hicieron fue exiliar a Máximo, y este no empezó a conspirar hasta que todos ellos salieron de la política (unos por muerte, otros por retirarse y unos pocos que desaparecieron).

El punto es que el nuevo Gobierno de Magno era muchísimo más garantista para los cargos de la Administración, siendo un paraíso para ellos, no así para el resto de la población, cuya situación incluso empeoró, de tal forma que, todo el que no apoyará a Magno (especialmente la "gente del poder") sería borrado del mapa.

Los cuatro ministros conspiradores sabían esto, pero él único que era consciente del peligro real era Rafael, pues estaba convencido de que Máximo no les sería garantía de nada, no iba a salvarles si algo se torcía, cosa que sí creían los demás.

Gabriel y Uriel, a la mañana siguiente, fueron al palacio del amado líder para hacer la propuesta, tomándose esa libertad sin mayor impedimento, pues al ser ellos dos de los cuatro que conformaban el "núcleo duro del poder", gozaban de extensas prerrogativas.

Ambos encontraron al presidente desayunando unas galletas, las cuales le servían en una bandeja, ya desprendidas de su envoltorio, para que Magno no tardase más de una hora en desayunar (como ya sabemos, esos malignos plásticos eran su punto débil). Ver a Magno comer lo que fuese era una escena patética, pero, en concreto, su "forma" de comerse las galletas del desayuno era el cenit de lo ridículo, el dictador gustaba de mojar la dura galleta en leche, sin embargo, era torpe para calcular el tiempo que debía de mojarlas antes de que fuesen tan blandas que perdiesen su consistencia, de forma que, para que Magno pudiese comer algo, recurría a meter sus manos en el tazón para comer de él, unido a su ansia por la comida, el salón acababa convertido en una pocilga. Esta fue la escena que encontraron los dos ministros, Magno no se inmutó con su presencia y continuó el presidencial circo de galletas cayendo en el foso de leche, salpicando y emporcando todo el traje del dictador.

-Señor presidente, le tenemos que...

-¡Háganme el favor!- replicó Magno, cortando lo que le iba a decir Gabriel-, y ayuden a vuestro presidente.

-¿Qué sucede, señor?- preguntó Uriel, preocupado, pues era el único que sentía una minúscula lástima por lo que iban a hacerle al viejo.

-Lo que me pasa es que siempre que intento comerme una galleta, esta se rompe antes de que pueda llevármela a la boca.

-Si es así- respondió Uriel- intente mojar la galleta menos tiempo.

-¡Cierto!- dijo Magno-, es un consejo genial, pero, necesitaré un reloj, cronómetro o algo así, ¿no?

-Señor presidente- contestó Gabriel, que ya había pensado algo para burlarse de Magno- ¿sabe que está comiendo las galletas de forma errada?

-¿Cómo? No me digas eso, Gabriel.

-Así es- siguió Gabriel- el amo de Molburgo no sabe comer galletas, qué pensará su querido pueblo de usted.

-¡Oh, no!, he parecido un tonto todo este tiempo.

Este es uno de los pocos comentarios que dijo Magno con sentido en los días de su vida, pero esa mañana estaba muy lúcido, pues diría otro más; en esto, Uriel se acercó a Gabriel y le murmuró lo siguiente.

-Gabriel, ya sabemos que Magno es estúpido, pero no conviene decírselo a la cara.

-Tranquilo, sé lo que hago.

Al ver a los dos ministros hablar, Magno se impacientó, y empezó a graznar, como acostumbraba siempre que la atención se desviaba de él por más de medio minuto.

-¡Gabriel, por piedad, respóndeme!

-Muy bien- contestó este- es realmente sencillo, todo lo que tiene que hacer es dar la vuelta a la galleta, tiene que comerla estando la galleta en vertical, así la morderás por su lado blando.

-Qué buen consejo, lo intentaré ahora mismo.

-Señor presidente- replicó Uriel- es solo una broma...

-Uriel- cortó Magno- si lo dice Gabriel, será verdad.

El líder supremo puso la galleta en vertical e intentó comerla, le era muy costoso dar tan solo un bocado, pues apenas tenía espacio en su boca para morder, pero como era un consejo de Gabriel, debía de intentarlo.

Los cuatro, sobre todo Gabriel, tenían una gran influencia sobre Magno, debido a que él ya estaba acostumbrado a recibir órdenes de los consejeros que heredó de Krauz, al desaparecer los consejeros, Magno pudo hacer su Gobierno de forma independiente (que era de una forma desastrosa), pero la costumbre y su inseguridad le hicieron rodearse de estos cuatro tipejos, lo cual fue su ruina.

Terminando con el tema de la comida, he tenido la oportunidad de hablar con los que eran médicos del dictador, y me han comentado que Magno tenía serios problemas con su dentadura, lo que explicaría esos problemas que tenía para comer, lo cual, atendiendo a la historia, es un dato muy esclarecedor. También me gustaría comentaros acerca del origen de la tontura de Magno, pero todavía no tengo datos contrastados, ya os iré diciendo en futuras cartas.

-¿Ashi, sheuro se te ashi, Gabel?- Intentó decir Magno, con la boca llena de dulce.

-Por supuesto, señor- respondió Gabriel- pero no tenemos tiempo de desayunos ya, le venimos a proponer un plan, mi señor.

Al escuchar aquello, Magno retiró la galleta de su boca, que ya casi había logrado meter entera.

-¿Qué plan es ese?

-Dentro de poco estará usted visitando la ciudad de Ur- respondió Gabriel, con su habitual poca vergüenza.

-¡Ur! Pero si en esa ciudad me odian, los terroristas de Alud me quieren muerto, no Gabriel, no iré a Ur.

Este fue el segundo comentario lúcido del día, esa mañana Magno estaba avispado, algo muy infrecuente.

-Claro que usted no cae bien allí, pero, ¿sabe por qué?, ¿cuántos años lleva usted sin poner un pie en Ur?- preguntó Gabriel, con tono intimidante.

-Pues, unos siete años.

-¿Cómo crees que se sienten los ciudadanos de Ur sin tener una visita de nuestro amado presidente durante siete largos años?

Ese último comentario de Gabriel provocó un derrumbe mental en la pobre cabeza del dictador.

-¡Verdad! Pobres, he dejado a mis hijos de Ur alejados de mi cuidado por mucho tiempo, mi deber como presidente es hacerles una visita.

La lucidez de un bobo tan grande como Magno es muy, muy corta.

-No me puedo creer que esto haya resultado- dijo Uriel, fascinado por lo que acababa de presenciar, pues tal nivel de manipulación y estupidez le marcaron.

-Claro que sí, mi señor- continuó Gabriel- dentro de nada anunciaremos su visita, solo déjenos una hora para que preparemos...

-¡Ni hablar!- gritó el presidente- que emitan en directo ahora mismo.

El palacio presidencial se convirtió en un absoluto circo, pues ningún alto cargo apoyaba la idea, (de hecho, tanto Gabriel, como Uriel, hicieron pasar la propuesta de la visita a Ur como una broma que le gastaron, de tal forma que los demás creyesen que fue el poco entendimiento de Magno lo que le impulsó a querer hacer tal visita), a pesar de la falta de apoyo, Magno se salió con la suya, pues nadie podía llevarle la contraria, en ese momento, se acordó que se realizaría la visita, pero se extremarían las precauciones; Magno también insistió en anunciar el evento en directo en ese mismo instante, lo cual se le concedió, a pesar de que muy rara vez, como sabemos, la figura del presidente se emitía en riguroso directo.

La visita se planificó según las indicaciones que le fueron dadas a los cuatro en ese mensaje en clave, la partida sería dentro de dos días, el señor presidente pasaría la mañana en el gran salón de la estación de tren más ilustre de la capital, y, a las dos en punto de la tarde, se subirá en el vagón presidencial, rumbo a Ur, ciudad a la que llegaría una hora más tarde. El plan estaba centrado en no levantar sospechas, y ya las propias indicaciones que proporcionaba Máximo iban en esa línea, de modo que los cuatro ministros se limitaban a cumplir con su voluntad.

Como ya os he dicho, Magno realizó su anuncio nada más recibir la propuesta, dejando solo el tiempo mínimo para programar algo de la visita, cosa que no fue muy difícil, pues ya su sobrino se había ocupado de ello y los ministros convencieron a sus compañeros del Ejecutivo; lo poco que se sacó en claro fue anunciado por voluntad del propio presidente en ese directo, que, como es evidente, fue escudriñado por los terroristas de Alud.

-¿Esto es un comunicado oficial?- dijo en voz alta Adán, el joven que se hizo pasar por periodista- la calidad de las cámaras es horrible.

-El dinero que se gastan en las placas solares abisales, bien podrían invertirlo en cámaras decentes- respondió Caleb, que era uno de los que habían formado el grupo, si Camino y Tobías eran los brazos ejecutores, Caleb era el cerebro, su astucia era famosa en toda Molburgo.

-¿No os dais cuenta?- dijo Tobías-, esta es la oportunidad de nuestras vidas, es ahora o nunca.

-Así se habla, Tobías- respondió el comandante, raudo- no vamos a malgastar ni un solo segundo.

-Camino, déjate de delirios- replicó Caleb- Alud no fue creado para salvar a Molburgo de ningún dictador, sino para defender los intereses de Ur, si matar a Krauz, a quien nadie apoyaba y todos temían, era una locura, imagínate matar a este, del que tantos se benefician.

Resulta que Caleb y Camino no se llevaban del todo bien, pues Caleb representaba la parte más conservadora de Alud, y seguía defendiendo los ideales de los que Alud nació; Camino, por otro lado, tenía una visión más evolucionada del papel que su banda terrorista debía jugar, de todos modos, Caleb reconocía el ingenio y el carisma de Camino, y era conocedor de las diferencias del Alud en tiempos de Krauz y el Alud en tiempos de Magno.

-Caleb- contestó Camino-, créeme, el mayor interés de Ur es que acabe la dictadura, este régimen no puede durar más, nuestros paisanos y nuestros soldados están más alicaídos que nunca, han perdido la esperanza.

-Qué verdad tan grande- cortó Adán- mi mentor, durante la época de mi adiestramiento, me contaba que cada vez había menos chicos para entrenar, y que cada vez más gente en Ur estaba dispuesta a parar nuestra lucha.

-Y eso no es lo peor- siguió Tobías- sino que nuestros paisanos ya no creen en nosotros, no creen que seguimos siendo capaces de defenderles de las sucias garras de la dictadura.

-Todo eso lo sé- respondió Caleb- pero no os creáis que matar a Magno será una tarea fácil.

-No sabría que responderte a eso, Caleb- dijo Camino- mira la tele, Magno tiene el traje todo manchado de papilla.

Dado que la imagen del presidente seguía en la televisión, estaban tocando el himno.

-¿Es que no tiene vergüenza?

Preguntó Adán, al aire, pues no presenció la escena de las galletas.

-Puede que no sea mala idea después de todo- respondió Caleb- y un tren no es muy difícil de asaltar, pero tenemos que pensar en cada detalle.

-En efecto- contestó Camino- además, nosotros tenemos gran parte del trabajo hecho, ya que desde hace tiempo yo y mis hombres hemos estado planeando posibles casos en los que podemos actuar, y este es uno de ellos, resulta que entre la capital y Ur se extiende una gran arboleda, el tren de Magno va a pasar por allí, es el lugar perfecto para atacar, Tobías puede trucar los raíles, y bien lo sabes, Caleb, pues tú mismo le enseñaste, una vez trucados los raíles, todo debería ir como la seda, si es que somos rápidos.

Todos los que estaban presentes viendo el comunicado, que eran bastantes hombres, escucharon con atención a su comandante, llenos de emoción por la empresa que iban a realizar. Muy pocos conocen cuál fue exactamente el plan inicial de Alud, pocos entre los cuales me cuento yo, sin embargo, esa información la reservaré para la próxima carta.

Espero que esta les haya sido aún más ilustrativa que la anterior. Estoy sorprendido de que mi memoria no me haya flaqueado en ningún momento; por otra parte, este ejercicio mental me ha hecho querer investigar más por mi propia cuenta, incluso yo tengo algunas dudas que me gustaría aclarar.

No creo conveniente alargar mucho más esta segunda carta, ya que es más densa e importante que la primera, además, es posible que mi tercera carta tarde más en llegaros que lo que tardó esta segunda, no toméis esto como algo negativo, pues el tiempo os será provechoso, supongo que tendréis muchos datos que contrastar, aunque ya os digo que yo jamás miento, como ya lo sabréis por mi primera carta, ¿encontrasteis alguna mentira o inexactitud? Si es así que me lo diga nuestro querido Josué.

Para acabar, debo deciros que aprecio mucho la labor que hacéis vosotros, investigadores, por Molburgo; vosotros, las voces que estáis afuera, sois el arma más poderosa para acabar con la dictadura, tened fe en ello.

Capítulo 3

Saludos compatriotas, hace dos semanas que no os escribo; Josué me ha dicho que os tengo en ascuas, pero el tiempo nos hace bien a todos, no os creáis que solo me dedico a escribiros, pues también estoy siguiendo vuestra carrera muy de cerca, y debo elogiar vuestro arduo trabajo, leer vuestros artículos en la prensa y ver vuestras intervenciones en televisión es todo un placer, me llena de alegría ver que cada vez más hermanos míos, gente buena de la decadente Molburgo, están alzando su voz y denunciando la dictadura, la única pena es que tengan que hacerlo desde el extranjero, de suerte que ese grito desesperado de denuncia no llegará a los oídos de sus convecinos y familiares.

Por otra parte, Josué ya me ha hecho saber vuestra respuesta a la pregunta que os hice la vez pasada: que todo lo que yo os transmito, desde datos, hasta diálogos, pasando por todos los diversos comentarios; son veraces, y que en estas cartas no se puede encontrar ninguna traza de engaño. Mi sinceridad y precisión son las virtudes de las que más orgulloso me siento. Además, habéis dicho que solo contrastáis la información para dar una fuente alternativa, dejándome al margen de todo, cosa que os agradezco desde lo más profundo de mi corazón, pues tengo mucho que temer.

Antes de empezar con la narración de hoy, deseo dejar claro que yo no tengo nada que ver con Alud, el cual es un grupo terrorista al que detesto, y no, no se trata de una especie de psicología inversa para confundiros sobre mi identidad, yo sé cómo mantenerme oculto mejor que eso; no quiero que penséis que defiendo o que apoyo a una banda criminal, si bien es verdad que, por variopintas razones, tengo más desprecio por los ministros que por los vándalos de Alud, también es cierto que Alud es un grupo al que aborrezco, y que ha perpetrado graves y horrendos crímenes, sobre todo en la época de Krauz, cuando el grupo estaba la pompa de su brutalidad, pues las violentas represalias de Krauz solo provocaban respuestas más violentas de Alud, (no explicaré este tema más, pues los historiadores sois vosotros, sabréis tanto o más que yo), si todavía no he sido duro con ellos en mis cartas es por que aún no ha llegado su momento, además, estos criminales, a diferencia del también criminal Gobierno de Molburgo, ya no pueden hacer daño a nadie, no después de que desaparecieran.

La mañana del día en el que Magno realizó su viaje a Ur, Gabriel y Uriel se quedaron en su despacho en el capitolio, ensayando sus reacciones y comentarios tras la muerte del presidente, de tal forma que los encargados de acompañar a Magno desde su palacio hasta la estación de tren fueron Miguel y Rafael.

Viajar con Magno en cualquier medio de transporte era un suplicio, pues si se montaba en un barco se mareaba, si subía en un avión se ponía tan histérico que había que sedarle, y si viajaba en coche se comportaba como un niño pequeño, preguntado cada minuto si quedaba mucho para llegar y pataleando; en cambio, no se sabe por qué, cuando viajaba en tren se volvía muy manso y sereno.

Por desgracia, los ministros estaban en el peor caso posible, el coche, ya que Magno se agobiaba mucho, y siempre tenía que sentarse en el asiento del medio, rodeado de gente; Magno, así, se sentía seguro, pero los demás eran aplastados por el peso del dictador; popularmente se decía que Magno odiaba tanto los coches ya que, de pequeño, sus padres le dejaron encerrado en uno, si bien esto nunca se ha confirmado, siempre que a Magno se le sacaba el tema se ponía a llorar, dando a entender que le pasó algo por el estilo.

-¡Dios mío, no lo soporto más!- gritó el dictador, al oído de Rafael- ¿cuándo vamos a llegar?

-Señor, tranquilícese- respondió Miguel- queda muy poco, ya prácticamente estamos en nuestro destino.

-No hay necesidad de gritar, señor- respondió Rafael- y menos en los oídos de nadie.

-Disculpa, Rafael, pero de veras que no lo soporto- replicó Magno- los coches son lo que más odio.

-No desespere, señor presidente- contestó Miguel, acercándose a Magno para animarle- ya llegamos.

-Fíjese- dijo Rafael- la guardia se está separando, en breve nos bajamos.

Como es evidente, el coche donde viajaba Magno estaba rodeado por otros vehículos que le funcionaban de guardia, cuando esta se separaba, significaba que ya habían llegado al destino. Mientras estaba el coche parado, un guarda muy trajeado se acercó a la puerta donde estaba sentado Rafael, él, al ver esto, sabía lo que le esperaba, entonces, le hizo un gesto con la mano al guarda, indicando que abriese la otra puerta, donde estaba sentado Miguel.

-¿Qué haces, Rafael?- preguntó Miguel, no con poco temor.

-Nada- respondió- no te preocupes.

Cuando Miguel vio al guarda en su ventana, abriendo la puerta, supo qué es lo que había pasado.

-Maldito Rafael.

Dijo Miguel, pues era demasiado tarde para él, verán, como ya saben, Magno odiaba los coches, tanto así que, nada más veía una puerta abierta, salía disparado por ella, sin importar nada ni nadie, al abrirse la puerta de Miguel, el presidente dio un brinco, y, aplastando a Miguel de paso, salió embalado del coche. Miguel, muy dolorido, miró a Rafael, compadeciéndose de él mismo.

-Lo siento amigo- respondió el joven ministro- pero yo no empecé esto.

Rafael se vengó de aquella cruel forma ya que Miguel era el que había hecho esto por primera vez, Rafael todavía tenía moratones de aquel día; ambos se detestaban en lo profundo, pero fingían no hacerlo, además, no era personal, pues a Rafael no le caían bien ninguno de los cuatro, aunque a Uriel le tenía cierta compasión.

Los dos salieron del vehículo y se reunieron con Magno, que se encontraba hablando con una azafata, la cual sostenía, habilidosamente, una bandeja con una sola mano.

-Señor presidente, es un honor que viaje con nosotros, y es también un honor contar con la presencia de los ministros Miguel y Rafael, tomen, estas son unas galletas de cortesía, dentro podrán tomar champán mientras esperan a que preparen el vagón presidencial.

Los tres tomaron una galleta, Magno dio un paso hacia atrás.

-Esta riquísima- dijo Miguel.

-Un poco dura, pero muy buena, sí- siguió Rafael.

-Señor presidente, ¿usted qué opina?- preguntó Miguel.

Ambos ministros giraron su cabeza para ver al presidente, al hacer esto, se encontraron una escena extrañísima, Magno intentaba meter una galleta en su boca verticalmente, para comerla de un bocado, cosa muy difícil.

-¿Se puede saber qué hace, señor?- preguntó Rafael.

-Ande, señor- contestó Miguel- deje eso.

Magno, atendió a razones y soltó la galleta, de vuelta a la bandeja, babeando todas las demás.

-Por favor, vayan entrando- dijo la azafata- voy a tirar la bandeja.

Los tres fueron escoltados al gran salón, el cual contaba con un ventanal por el que entraba mucha luz, y que daba a unos balcones con vistas al jardín interior; en aquel salón se encontraban grandes personalidades del Gobierno celebrando el evento, al llegar los tres se les hizo una solemne ovación, tras ella, se descorchó una botella de champán en honor del presidente. Los ministros hicieron algunos saludos por compromiso, el tema del que más se hablaba era el de la seguridad, no obstante, los ministros lograron responder las dudas de forma muy satisfactoria, ya que el protocolo estaba más que pulido, (aunque fuese pura fachada), Miguel y Rafael, una vez hechos todos los comprometidos saludos, se alejaron todo lo posible del tumulto, sentándose en unas sillas que había dispuestas por los balcones, pretendiendo ir a fumar.

-¿Crees qué esté todo listo?- preguntó Rafael, refiriéndose a la bomba que debían poner los infiltrados de Máximo.

-Claro qué sí- respondió muy seguro, su compañero- apenas queda una hora para que salga Magno, a estas alturas todo debe estar preparado.

-¿No tienes algo de miedo?- preguntó de nuevo Rafael, afectado.

-¿Por qué habría de tenerlo?

-Piénsalo, él tiene tanto poder, cuando empezamos esto parecía que teníamos la sartén por el mango, pero ahora, es como sí se hubiese dado todo la vuelta.

-Eres muy desconfiado, Rafael, piensas así porque eres joven y no terminas de entender cómo funciona la política, cuando pase todo esto, y tengamos lo que por nuestro cargo nos merecemos, entonces, lo verás todo como lo veo yo.

Es interesante lo que les acabó pasando a estos cuatro, dado que, en un primer momento, ellos eran los que tenían una posición de superioridad con respecto a Máximo. Los cuatro decidieron conspirar ya que Magno repartía su poder y riqueza de una forma muy igual, os lo explico, ellos cuatro, siendo los "cuatro grandes del poder", apenas recibían una tajada un poquito mayor de la que recibía cualquier funcionario, esto provocaba que, la gran masa de cargos rasos estuviese muy feliz, pero que los grandes, véase, ellos cuatro, estuviesen muy furiosos, este sistema de reparto tan igual de la riqueza del país entre los cargos, fue diseñado por los consejeros que Magno heredó de Krauz, dicho sistema corregía muchos de los problemas internos que se daban en el Gobierno de su antecesor, aunque fue popular, dejó de funcionar correctamente una vez desaparecidos los consejeros.

Pues bien, Máximo se acercó a los cuatro haciéndoles toda clase de promesas (siempre con esa aura de siniestra discreción), en un primer momento, los ministros tenían el control, pero pronto, la influencia de Máximo fue tan grande que se invirtieron las tornas, pues gracias a la intervención de los cuatro, los espías y sabuesos de Máximo se repartieron por toda Molburgo, cruzando un punto de no retorno para los ministros.

A las dos en punto de la tarde, la hora de partida, una gran multitud se hacinaba frente al vagón presidencial, muchos funcionarios competían para ver quién fingía mejor que les importaba algo Magno, cuando lo único que les importaba era su parte del pastel, haciendo dramáticos aspavientos y lloriqueos por la partida del dictador, sin embargo, Magno, lejos de estar preocupado, estaba en éxtasis, ya que los trenes eran una de sus grandes pasiones, como el dulce.

-He de partir, hijos míos- dijo Magno a Rafael y Miguel, que estaban encabezando la multitud- tengo una importante misión que cumplir, ¡qué no os entristezca mi partida, volveré muy pronto!

-Viaje seguro, mi señor- respondió Miguel, con una fingida pena.

-Le echaremos de menos- añadió Rafael, sonriendo.

Magno cerró las puertas de su vagón, sin ser consciente de que ese era el inicio de su propia aventura, como ya sabrán. El jolgorio de sanguijuelas empezó a rugir cuando el tren en el que viajaba su amado presidente arrancó y salió de la estación, rumbo a la ciudad de Ur.

Ahora bien, como la relación entre Ur y la capital jamás fue buena, cuando se empezaron a construir la líneas férreas en Molburgo, hace casi un siglo y medio, nunca hubo interés en unir ambas ciudades por una línea de ferrocarril, de tal suerte que solo se construyó una, y además dicha línea solo se usaba para el transporte de mercancías, cuando una personalidad importante quería ir de la capital hacia Ur, simplemente lo hacían por carretera, pues ambas metrópolis están bastante cerca la una de la otra.

El grandioso, Krauz, solo se montó en esa línea una vez en sus más de veinte años de régimen, mas fue suficiente para marcar un precedente de un jefe de Estado viajando a Ur en aquella línea, (la existencia de Alud no impidió ese viaje de Krauz); a pesar de lo anterior, la línea seguía muy descuidada, este dato es vital, ya que, como sabemos, la línea cruzaba una arboleda, que estaba tremendamente sobrecrecida, lo cual constituyó una gran ventaja para Alud.

Os prometí en la carta anterior que os contaría cuál fue el plan de Alud, plan que muy pocos conocen, y lo prometido es deuda, sin embargo, os daré algo mucho mejor que contaros un simple plan, os ilustraré la escena del ataque al tren de Magno tal cual sucedió, y ya sabéis que podéis creer todo lo que yo os diga.

-Tobías, date prisa, hombre- dijo Camino, alterado- el tren de Magno va a pasar por aquí dentro de poco.

-Lo sé, lo sé- respondió Tobías- no me metas presión.

-¿Es que Caleb no te enseñó a trucar raíles?- preguntó el comandante- según él y otros camaradas, eres todo un experto haciendo esto, ¿o es que no fuiste tú el que hizo este truco en la Línea del Sur?

-Comandante, tenga fe en mí, lo que pasa es que estos raíles están muy viejos, es mucho más difícil trucarlos.

"Trucar" raíles era una de las famosas artimañas de Alud, de alguna forma, aún desconocida, (si yo la conozco o no, no lo diré) estos vándalos eran capaces de trastocar los raíles para que la locomotora se detuviese nada más pasar por encima de ellos.

Y lo que dice Camino sobre la Línea del Sur, fue un atentado a un tren de pasajeros que perpetró Alud a principios de aquel año, lastimosamente, murieron muchas personas, pero ustedes ya sabrán esa historia. Alud solía hacer de vez en cuando este tipo de atentados, para infundir terror, no a la gente como tal, sino al Gobierno, a modo de recordatorio de lo que podían llegar a hacer si no se les bailaba el agua. Lo que muchos parecen ignorar es que, el Estado, perfectamente podía enfrentarse con Alud desde un primer momento, sería un enfrentamiento duro, pero definitivamente el Estado tenía las de ganar, por eso muchos pensamos que el Régimen permitía la existencia de Alud, para tener una distracción y un enemigo al que culpar de todos los males del país, no sería raro, ya que esto mismo se hacía con muchas otras bandas terroristas, aunque todas ellas más pequeñas que Alud, pues esta era la más grande.

-Déjele trabajar en paz, comandante- dijo Adán, desde lo alto de uno de los inmensos árboles- la presión no le hará ir más rápido.

-Tú haz tu labor, camarada,- replicó Camino- usa esos prismáticos y dime si ves algo.

-Empiezo a ver como un humo, se ve de lejos, pero se acerca bastante rápido.

-¿Lo has oído, Tobías?- dijo Camino, muy alterado- más te vale tenerlo listo ahora mismo o...

-¡Ya, ya está listo!- gritó Tobías, saltando del agujero que habían cavado al lado del raíl- solo estaba comprobando que todo estuviese correcto.

-Perfecto- contestó el comandante- aprisa, disimulemos el agujero y subamos con Adán al árbol.

-Hacedlo rápido- dijo Adán, desde arriba- el tren lleva más velocidad de la que creía.

Sin perder un segundo, Camino y Tobías echaron tierra al agujero, solo para disimularlo un poco, y escalaron raudos el árbol; al par de minutos, el tren en el que viajaba Magno se hizo visible, y la locomotora que tiraba de todo el resto pasó por el raíl trucado, deteniéndose, y con ella todo el tren, debido a esto, muchos soldados, escoltas del dictador, salieron del tren para comprobar qué es lo que había ocurrido, cabe destacar que, seguramente, ninguno de ellos pensó que se trataba de Alud, pues, el truco de los raíles, por aquellos entonces, era más una leyenda que una realidad, además, los asaltos de Alud a trenes no eran conocidos por este truco, sino por la brutalidad de su ataque, tras el cual no quedaba nada, solo unas ruinas en llamas. En esto, los terroristas se acercaron al vagón presidencial, trepando sigilosamente por las ramas de la frondosa y descuidada arboleda, cayendo grácilmente sobre dicho vagón sin ser descubiertos.

-Muy bien, ahora viene lo interesante- dijo Camino a sus camaradas- yo y Tobías prepararemos nuestras armas, Adán, tú abre la compuerta.

-Dicho y hecho, señor- contestó Adán, sumiso.

El joven, usando un diminuto taladro, perforó la cerradura de la compuerta, abriéndola; Cambio y Tobías fueron los primeros que saltaron adentro del vagón, con sus pistolas en mano, esperando tener que enfrentarse con algún escolta, sorprendentemente, no había ninguno con Magno en aquel momento; tras ellos entró Adán, cargando con el resto de herramientas.

Por primera vez, los tres tenían delante aquello que más odiaban, que era Magno; la persona que encarnaba todos sus miedos, traumas, vicisitudes y dolores; al verle, los tres se sobrecogieron un poco, pero lograron reponerse.

-¿Estás solo?- preguntó Adán, de forma extrañamente inocente.

-Por supuesto- contestó Magno, que tenía un dulce aplastado en su mano- adoro un buen paseo en tren con mi vagón privado, ustedes debéis de ser los maquinistas, ¿verdad?, resulta que el tren se ha parado, ¿lo estáis resolviendo?, ¿por qué habéis entrado por el techo? Bueno, no soy quién para juzgar, ustedes sois los especialistas, por cierto, ¿alguno me puede abrir este chocolate?, estoy harto de decir que me den los que traen abrefácil, el servicio me dice que son estos, pero, ¿sabéis que? Yo creo que me mienten, sí, sí, ya que no puedo abrirlos, y me desespera, ¡con lo qué me gustan!

Toda la tensión que podrían tener, se les fue en ese instante.

-Adán- dijo Camino, muy relajado- dame el bote.

El camarada más joven le dio a su comandante un bote de somnífero y un pañuelo, Camino empapó este con el líquido, delante de las narices de Magno.

-¿Qué es eso?- preguntó el dictador.

-Es una deliciosa fragancia que acabo de preparar para usted- respondió Camino- pruebe a olerla.

-Sí, tiene buena pinta, sí.

Magno, una vez más, confirmó su estupidez y olió de un pañuelo que le ofreció un tipo que había caído del techo de su vagón. Al oler el pañuelo, Magno cayó dormido al suelo. Los tres tomaron el peso muerto del presidente, que ya es decir, y salieron del vagón, adentrándose en las profundidades de la arboleda, sin ser vistos.

-¡Lo tenemos!- gritó Tobías- no me puedo creer que haya sido tan fácil.

-No ha ofrecido ninguna resistencia- añadió Camino- ahora puedo hacerle lo que tanto he deseado, ejecutarle y emitir su patética muerte en directo, para toda Molburgo.

-¡Al fin!- dijo Adán, que saltó hacia Tobías, ambos empezaron a saltar mientras se abrazaban.

-Verás cuando se enteré Caleb- comentó Tobías, tras romperse el abrazo- el viejo va a dar brincos de pura alegría.

-La pesadilla de la dictadura toca a su fin- añadió Adán, comentario bastante alejado de la realidad.

Mientras los terroristas celebraban, cerca de ellos se produjo un poderoso fogonazo de luz y calor, acompañado de un gran estruendo, que hizo temblar la tierra; algo había estallado no lejos de donde estaban los cuatro, desde su posición podían ver el mar de llamas. La explosión fue tan poderosa que sus ojos quedaron deslumbrados por el destello, y su piel se tostaba por el calor. Los tres se turbaron bastante, no tenían ni idea de lo que podía haber producido esa explosión, y no solo eso, sino que el fuego se estaba esparciendo por toda la arboleda.

-¿Una explosión?- preguntó Tobías- ¿cómo es posible?

-Debemos ir a ver qué ha pasado- dijo Camino, con seguridad.

-Puede haber soldados todavía- cortó Adán- y el fuego se expande.

-Tras esa explosión no puede quedar nadie vivo- respondió el comandante- Adán, quédate con el cerdo de Magno, que no se despierte, nosotros dos iremos a investigar, volveremos pronto.

Camino y Tobías corrieron hacia el tren, que ahora era una ruina candente, se adentraron entre las llamas, evitando el fuego lo mejor que podían, llegando a lo que parecía ser el punto de origen de la explosión, que era el vagón presidencial, pues era donde los hombres de Máximo habían puesto la bomba, para acabar con el presidente. Debido a la gran potencia de la explosión, el vagón presidencial estaba completamente destruido, el resto del tren no estaba mucho mejor, la locomotora era, después del vagón de Magno, la parte en peor estado, incluso los raíles estaban destrozados a su alrededor; con respecto a los cuerpos de los guardas, todos ellos se estaban calcinando de una forma horrenda, ya ni siquiera recordaban a seres humanos.

-Mira, Tobías, acércate, sabes qué es esto, ¿verdad?- dijo Camino, señalando un trozo de metal color granate.

-Sí, es un fragmento de una bomba sulfúrea, las usamos mucho, por su gran potencia, claro; pero nosotros no hemos puesto esta.

-No, no lo hemos hecho, esto solo puede significar una cosa, alguien más está tratando de matar a Magno.

-¿Quién puede haber sido?- preguntó Tobías, muy curioso.

-Creo que es obvio; de momento, debes saber que nuestros planes acaban de cambiar por completo.

-¿Recogemos los restos de la bomba?

-Será mejor dejarlo todo tal y como está, créeme.

Y así fue, queridos compatriotas míos, cómo las dos conspiraciones, la de los ministros y la de los terroristas, chocaron entre sí; se suponía que la bomba que pusieron los agentes de Máximo, debía pulverizar a Magno a medio camino entre la capital y Ur, se suponía, asimismo, que los terroristas iban a capturar a Magno y ejecutarle en una trasmisión en directo, pero la vida no es tan simple, el destino es caprichoso hasta decir basta.

Capítulo 4

Saludos, compatriotas y correligionarios míos. Como ya sabrán, nos acercamos al punto álgido de nuestra historia, por ello, aconsejo atención, ya que los misterios más importantes aún están por revelar. No alargaré más la introducción, pues os confieso que estoy muy emocionado por lo que vamos a tratar hoy.

Sin más demora, retomaremos nuestra narración el día siguiente a la explosión, las primeras horas de esa mañana fueron testigos de una de las escenas más patéticas de todo este periplo, como ya sabemos, el plan de Máximo para matar a su tío y culpar a los terroristas de Alud sufrió un gran contratiempo, sin embargo, ni él ni sus cuatro sabuesos sabían nada, como es evidente.

A primera hora de aquel día, el Gobierno convocó una rueda de prensa en el capitolio, en la que Gabriel (como portavoz de los sentimientos de la nación), se "lamentaría" de la "pérdida" del "amado" presidente. La elección de Gabriel como portavoz de tan importante mensaje era obvia, ya que él era la mano derecha de Magno, pero a la vez resultaba muy irónica, ya que la gente de la esfera política eran las únicas que realmente lamentaban la muerte del dictador, pues afectaba de forma directa a sus intereses y privilegios, mientras que el pueblo, nuestra gente, eran los que se alegraban por su deceso; pues bien, Gabriel, perteneciendo a la clase política, tenía los mismos sentimientos que el pueblo en este sentido, y junto a él los otros tres ministros, los cuales, minutos antes de que se diera la noticia, se encontraban relajándose en un despacho, como los que acaban de realizar una dura tarea.

-Menos mal que el ingeniero ha muerto- dijo Gabriel, burlonamente, ya que "ingeniero" era otro de los tantos motes que tenía Magno.

-No digas eso, hombre- protestó Miguel.

-¿Te lamentas de la muerte de ese imbécil?- preguntó Rafael- debes tener marcas todavía, con todo ese peso encima.

-No, hombre no- contestó Miguel, riendo-, de eso nunca me lamentaría, solo digo que a las personas se le deberían reconocer sus méritos, si Magno era un imbécil, entonces, se lo tenemos que reconocer como mérito suyo.

Todos rieron la gracia, excepto Uriel, que se sentía bastante sobrecogido por toda el asunto del asesinato.

-No comprendo cómo tenéis la sangre tan fría para poder reírse en un momento así. No encontramos el cadáver del presidente.

-Bueno, ya vimos los restos de los soldados- empezó a explicar Miguel- apenas eran reconocibles, imagínate lo que le pasaría al cuerpo de Magno, que estaba en el centro de toda esa potente explosión.

La explicación de Miguel logró calmar un poco a Uriel, de tal forma que pudieron seguir sin problemas los chistes y chascarrillos sobre la muerte del dictador, inundando el despacho con tímidas risas, las cuales se acallaron por completo cuando un oficial, sirviente del capitolio, tocó a la puerta del despacho.

-¡Entre!- gritó Gabriel, con su habitual insipidez.

El oficial entró cabizbajo, mostrando respeto a tan altas personalidades, temiendo su ira y terrible actitud.

-Señor Gabriel- dijo temeroso, el sirviente- la hora del discurso está apunto de llegar.

-Perfecto- contestó Gabriel, con un tono altanero y mirando al chico por encima del hombro- retírese, enseguida voy.

El chico salió con un tímido "a sus órdenes", quedándose los cuatro a solas.

-Antes de que se te ocurra salir- dijo Miguel, sacándose un diminuto frasco del bolsillo de la camisa- échate esto en los ojos, te ayudará mucho.

-¿Qué hace esto?- preguntó Gabriel, tomando el frasco.

-Son gotas, para llorar- respondió Miguel- de otro modo te será imposible fingir tristeza en un momento tan feliz.

-Más te vale fingir bien, Gabriel- comentó Rafael-, nada puede salir mal ahora, todas las miradas están puestas en nosotros cuatro, todos quieren saber nuestra opinión del asunto y cómo lo abarcamos.

Gabriel gastó todo el frasco, echándose medio bote en cada ojo, el resultado fue increíble, Gabriel no podía parar de llorar, esas artificiales gotas le hicieron llorar como nunca antes había llorado; tras lograr fingir tristeza, se fue directo hacia su podio, pues ya había comenzado la emisión en directo; una gran multitud estaba esperando la confirmación oficial de la muerte del presidente; periodistas, funcionarios, militares, algún que otro espía de Máximo; todos se congregaban allí, y los que faltaban estaban en sus casas con todos sus sentidos fijados en la pantalla, y más concretamente, en la cara llorosa del ministro Gabriel.

-Molburgueses, Magno...

Gabriel hizo una pausa dramática, en la que dejó sus falsas lágrimas caer sin control.

-Ha muerto.

Tras esa declaración, un murmullo se empezó a transmitir de persona a persona, a pesar de que ya muchos de los presentes sabían lo de la muerte de Magno, la confirmación oficial por parte del Gobierno era algo demasiado contundente como para no provocar algún tipo de turbación.

Los que escucharon la noticia en casa eran un caso aparte, ya que ellos solo la tenían como un rumor, en la casa de los funcionarios hubo llanto, en la de nuestros hermanos, amigos y vecinos, hubo un profundo gozo, gozo que muchos tuvieron que acallar, no fuese a ser que su alegría resultase ofensiva para la tristeza de los que les chupaban la sangre a diario, que fue justo lo que acabó pasando, cuando el Gobierno reprimió con gran dureza unas manifestaciones que se hicieron a favor de la libertad inmediatamente después de que se diera la noticia, todas ellas fueron disueltas, y hubieron muchos fallecidos, y más que tendrían que haber en las sucesivas manifestaciones; pero esa noticia no se publicó, sino que el Gobierno hizo como si esas muertes no hubiesen ocurrido.

Gabriel continuó su discurso, con su cara repleta de lágrimas tan falsas como su tristeza, pues si Gabriel de verdad estuviese llorando, sería de felicidad.

-Una bomba, que estaba colocada en su vagón, estalló a medio camino de llegar a Ur. A pesar de nuestra gran tristeza, no es momento de lamentarse, debemos encontrar un nuevo líder, aunque sé que no será fácil encontrar a alguien que esté a su altura; sin embargo, antes de encontrar a un sucesor, es nuestra obligación vengar la muerte de nuestro amado líder, pues sabemos que el explosivo que se llevó su vida fue instalado en su vagón por la banda terrorista Alud, ese horrendo grupo que asola nuestro país desde hace décadas, nuestro nuevo Gobierno tomará fuertes medidas contra ellos.

Lo cierto es que, el plan original de Máximo, no incluía enfrentarse con Alud, sino simplemente echarles la culpa (como ya era costumbre), pues no era conveniente declararle la guerra a un grupo terrorista justo antes de entrar en el poder, eso sería echarse una carga innecesaria; meramente se haría un paripé, mientras que Máximo llegaba y no a Molburgo, donde algunos ya le señalaban como el legítimo sucesor, no obstante, esa propuesta no era muy apoyada todavía, ya que los antiguos consejeros se encargaron de hacerle muy mala propaganda a Máximo, tan feroz fue esa campaña que los altos mandos del Ejecutivo solo tenían a Máximo como uno de los posibles candidatos, ni siquiera uno de los principales, aunque fuera el sobrino del anterior dictador.

Volviendo con Alud, como era obvio, ellos se encontraban especialmente pendientes de aquel comunicado en directo, en el salón comunal del cuartel en Ur, no cabía un alma más, y, a pesar del gentío, nunca había estado ese salón tan en silencio.

-¿El presidente ha muerto?- preguntó al aire, Camino-, es la primera noticia que tengo.

El salón rompió su silencio y empezó a reír, ya todos sabían que el mismísimo Magno era su recluso. La gran multitud se partió, y entre ella aparecieron Adán y Tobías, que, desde el momento del secuestro, fueron los responsables de cuidar del presidente.

-Comandante Camino- dijo Adán-, Magno nos está pidiendo galletas para desayunar.

-Dáselas- respondió el comandante- vosotros sois los responsables.

-Yo le daré las galletas- dijo Tobías- no quiero que Adán se arriesgue a que Magno le muerda un dedo.

-No digas eso, Tobías- le replicó el propio Adán- que me muerda un dedo no es nada, no después de casi salir volando por una bomba, tenemos suerte de estar vivos, además, tenía pensado desatarle para que coma el mismo.

-¿Seguro?- preguntó Tobías-, y si Magno se pone violento y te ataca, sé que tú eres más fuerte, pero él pesa mucho más.

-¿Magno, hacer daño?- dijo Camino, reteniendo la risa-, si nos habla de usted, anda, id a darle el desayuno.

Los dos se fueron a darle de comer al dictador, o al menos intentarlo; en esto, el viejo Caleb se acercó a Camino, curioso por todo el asunto del rehén.

-Camino, lo que el joven Adán dice es cierto, podríais estar muertos, Alud no puede permitirse vuestras bajas, sois los tres pilares de la banda, no deberíais haberlo secuestrado vosotros.

-Te lo aseguro, Caleb- contestó el comandante, confiado- solo nosotros podíamos hacer ese trabajo.

-Sea como sea, lo hecho, hecho está, mis felicitaciones- dijo Caleb, con sinceridad- ¿qué pensáis hacer con Magno ahora? Supongo que ya no lo matarás.

-Ni en sueños, después de este comunicado su vida es lo más valioso que tenemos. Lo que haremos ahora es emitir un mensaje que llegue a todo el país, pues contamos con los medios para ello, mostrando que el dictador sigue vivo, tras revelar la verdad, el Gobierno se enfrentará contra él mismo y el sistema caerá por su propio peso.

-Si no fuimos nosotros- siguió Caleb- es posible que haya sido el propio Gobierno, desde luego parece que al Estado le interesa más buscar a un sucesor que indagar sobre la muerte de Magno.

-Así es, camarada- secundó el comandante-, puedes estar seguro de que fueron ellos, ninguna otra banda pudo haberlo hecho, créeme, esta es una victoria garantizada.

El comandante y Caleb, dieron la orden a la unidad de comunicaciones para que preparasen todo lo necesario con objeto de realizar la dichosa emisión, en tan solo dos horas ya estaba todo dispuesto, de manera que solo faltaba prender la cámara. Esta habilidad de Alud no es extraña, muchas veces se les olvida a los investigadores que Alud contaba con bastantes recursos y personal bien preparado, era un grupo que priorizaba el adiestramiento antes que contar con muchos miembros con menos preparación, y esto no se queda ahí, sino que también ostentaba el título de ser la banda más veterana y grande del país, lo que quiere decir que su organización interna era sublime.

Últimamente son muy famosos los estudios sobre sus programas de entrenamiento, que incluían desde prácticas de tiro y manipulación de todo tipo de explosivos, hasta las archiconocidas "pruebas de fidelidad", en la que los miembros más nuevos eran juzgados por su fidelidad a la banda, a los que se les exigía incluso denunciar a su familia si no colaboraban con el grupo, de ahí que muchos de ellos se considerasen hermanos unos con otros.

Por todo lo anterior, Alud era un grupo que gozaba de poca o incluso nula simpatía, sobre todo en Ur y en las ciudades en las que tenía algo de influencia, y si tanto se preocupaban por defender a su ciudad y a sus gentes, era porque el mismo Alud se aprovechaba de ellos, cobrándoles a los dueños de negocios y apartamentos como contrapartida por "defenderles" del Gobierno Central, pueden comprobar todo lo que digo.

Al acabar todos los preparativos, Camino y Caleb fueron a traer ellos mismos a Magno, al que habían dejado en su celda con Tobías y Adán.

-¿Cómo vais, camaradas?- dijo Camino- ¿ya le habéis dado de desayunar a Magno?

-Respecto a eso- respondió Tobías-, resulta que Magno no se ha podido comer las galletas, entre que para él estaban muy duras y que no sabía comérselas...

-Como no pudo comerse eso- siguió diciendo, Adán- le dimos unos chocolates, pero le ha costado mucho abrir el plástico, y eso que tenían abrefácil, al final lo ha conseguido rompiéndolo con los dientes.

-Qué desastre de hombre- añadió Caleb- no sé cómo ha podido sobrevivir hasta llegar a los sesenta años.

-Señores secuestradores- dijo Magno, sin ningún miedo- debo agradecerles por el tremendo servicio que me habéis dado hasta ahora, el saco de papas en el que me trajisteis y sobre el que he dormido esta noche es de una calidad exquisita, además, me habéis ofrecido dos opciones de desayuno, me siento como en un resort, yo tenía entendido que esto de los secuestros era una opción, digamos... Mucho más rústica, ¿no?, a decir verdad yo no entiendo mucho de zulos, pero los pocos que he visto no se pueden comparar a este; y yo que creía que todo mi viaje iba a ser en tren, menuda sorpresa.

-Creo que este hombre no sabe lo que es un secuestro- comentó Camino-, Magno, escucha, nosotros somos de Alud.

-¡Caramba!- gritó el presidente-, yo sabía lo de los asesinatos de Alud, pero no recordaba lo de los secuestros, qué cabeza la mía, no la pierdo porque la llevo pegada encima.

-¡Pero bueno!- exclamó Caleb, muy furioso-, nosotros somos revolucionarios, le odiamos, le queremos ver muerto.

-Si me hubieseis querido matar, ya lo hubieseis hecho- replicó Magno- sin embargo, me habéis ofrecido el mejor servicio de secuestro de Molburgo, y el mejor zulo también, me atrevería a decir.

-Magno- dijo Adán- un secuestro no es algo bueno...

-No digas más, hijo mío- le cortó Magno, en seco- sé que os he dejado de la mano de Dios, lo sé, y me arrepiento mucho, pero desde ahora sabed que en mí siempre tendréis a un padre que vela por vosotros.

-¡Esto es el colmo!- exclamó Caleb, mientras se abalanzaba a Magno.

-Detente- dijo Tobías, al ponerse entre el dictador y Caleb- la vida de este hombre es valiosísima ahora.

-Bien dicho, caballero- contestó Magno- ¿quiere usted un cargo público de recompensa?

-¿Así de fácil era?- dijo Adán-, lo llego a saber antes y no me alisto.

-Este hombre está desquiciado- inquirió el comandante- casi siento lástima por él, será mejor que lo llevemos ya y que empecemos a emitir, no podemos perder más tiempo.

Así lo dijo el comandante y así se hizo, amarraron los pies y manos de Magno y lo amordazaron, una vez inmovilizado, lo llevaron a la sala desde la cual se iba a emitir; el comandante y Caleb se pusieron en frente de la lente, al dictador lo ataron a una silla. Camino hizo una señal y prendieron la cámara, después de que sonase el himno de Alud, y que Caleb dijese unas palabras iniciales, Camino comenzó a hablar para toda Molburgo.

-El día de hoy, el Gobierno Central nos ha culpado de un asesinato que no hemos perpetrado nosotros, Alud no puso esa bomba en el vagón del presidente, y os decimos más, el mismo Magno sigue con vida, si no nos creen, véanlo ustedes mismos.

El cámara, en ese instante, dejó de apuntar al comandante para enfocar a Magno, atado en la silla, Camino continuó su mensaje mientras la cámara seguía apuntando a Magno.

-En ningún momento nuestra intención fue matarle de entrada, sino secuestrarle primero, por lo que poner una bomba hubiese sido algo contraproducente para nuestro plan, de cualquier forma, nos hubiera sido imposible instalar la bomba en un primer lugar, pues el vagón presidencial es revisado por muchos encargados, de suerte que todos y cada uno de esos encargados debieron ser infiltrados de Alud, cosa imposible. Al parecer, todos estos sinsentidos han sido ignorados por el Gobierno, que se ha centrado en señalar a un culpable cuando ni siquiera habían encontrado el cadáver de Magno.

El mensaje de Camino, al igual que el del ministro Gabriel, fue visto en todo el país, pero este causó aún más caos que el anterior. Las manifestaciones a favor de la libertad, chocaron con las que estaban en contra del terrorismo, y con algunas otras más que exigían mayor transparencia, el choque muchas veces resultó en violencia, a la cual habría que añadir la de la policía, que logró disolver las manifestaciones, pero no sin mucha fatiga y varias decenas de muertos, como ya os he dicho; ese día, no pocas calles de Molburgo estaban en llamas; la gente, metidos en política o no, sabía que algo oscuro estaba pasando. Ese día fue uno de los más lamentables en la historia reciente de nuestro país.

A los cuatro ministros esta noticia les pilló en su sala secreta, mientras celebraban que el plan había sido un éxito, incluso descorcharon una botella de champán para la ocasión; el mensaje les arrebató toda alegría, su felicidad se esfumó en un parpadeo, ser arrojados al mar atados a una piedra se les antojaba mejor que aquel nefasto mensaje.

-¡No, por Dios, no!- gritó Gabriel, a los cuatro vientos-, con lo bien que estaba muerto, todos los tontos tienen suerte.

-Qué poco duran las alegrías- dijo Rafael, bebiendo toda su copa de un buche.

-Os lo dije- comentó Uriel- la ausencia de cadáver no era baladí.

-Ya veréis las noticias de esta tarde y las de mañana- añadió Rafael.

-Olvida la prensa- dijo Miguel- hasta cierto punto la podemos controlar, pensemos en lo importante, ¿cómo le explicamos esto a Máximo?

-¡Verdad! Máximo- saltó Gabriel, muy angustiado- estamos perdidos.

-Tenemos que decírselo al señor Máximo, ahora mismo- explicó Miguel.

-Prepárense para la bronca- añadió Rafael.

-Antes de contarle nada, dile que le tienes que explicar el contexto- dijo Uriel- que esto no ha sido culpa nuestra.

Gabriel, sin dudarlo más, se acercó a la mesita del teléfono, y marcó el número de su patrón.

-Vamos a ver- dijo Máximo, exhausto- ¿qué pasa ahora?, ¿hay alguna emergencia? Sabes que solo tenéis permitido llamarme si pasa algo.

Máximo ni saludó, dijo todo eso antes de que Gabriel pudiera decirle cualquier cosa.

-Señor- contestó Gabriel, temeroso- antes de contarle lo que ha pasado, yo y mis compañeros queremos que atienda al contexto de la situación.

-¿Quién te crees que eres para hacerme ninguna exigencia a mí?, ¿tan imbéciles sois que no sabéis estaros quietos en un rincón y dejarme a mí hacer mi trabajo? Estoy muy ocupado, no debería estar hablando con vosotros en este momento, venga, di lo que tengas que decirme, rápido.

Máximo era y es un narcisista, unególatra y un payaso, estoy convencido de que nadie jamás le ha dado nada de afecto en su triste existencia. Volviendo al tema, Gabriel tragó saliva, y continuó.

-Como usted quiera, señor, iré directo al grano, el asunto es que su tío sigue con vida.

-¿Cómo?

-Y lo tienen secuestrado los terroristas de Alud.

-¿Qué?

-Y estos tipos están enseñando a su tío vivo y coleando por televisión, justo después de que yo saliera llorando por su muerte en un comunicado oficial.

-¡¿Pero, pero esto qué es!? ¡Debería daros vergüenza a todos vosotros, panda de inútiles!

Máximo continuó gritando e insultando a los cuatro hasta que se le secó la garganta, momento en el cual se puso a pensar en un plan para solucionar el enredo.

-Mirad- dijo Máximo, ronco de voz- esto es lo que vais a hacer, a partir de ahora, todos los altos mandos del Ejecutivo y los distintos cargos públicos, van a mirarse unos a otros buscando quién ha intentado cargarse a la gallina de los huevos de oro, vuestra discreción tiene que ser no total, sino perfecta; ahora mismo vais a convocar un pleno en el capitolio, donde os vais a alegrar de que mi tío siga vivo y vais a programar una misión de rescate, para que nadie sospeche de ninguno de vosotros. Sobre cómo matar a mi tío no os preocupéis, yo me encargaré de aprovechar el fuego cruzado para que mis hombres lo aniquilen.

-Entendido, señor- contestó Gabriel, muy sumiso- así se hará.

-Más vale que no me falléis.

Dicho eso, Máximo colgó. Los cuatro se quedaron inmóviles, como muertos, en completo silencio, hasta que Rafael decidió hablar.

-Esto es lo que pasa cuando te fías así de alguien, ya decía yo que esa confianza plena que nos exigía traía algo siniestro detrás.

-No ha sido culpa nuestra- dijo Uriel, muy angustiado.

-Máximo es un ser humano- siguió Rafael- se puede equivocar, su plan no era perfecto, tenía fallas.

-¿Y cómo le dices eso al señor Máximo?- preguntó Miguel, con un tono burlón-, no podemos encararlo así, tiene demasiado poder sobre nosotros.

-Porque se lo hemos permitido- replicó Rafael, muy enfadado- si hubiésemos tenido más razonamiento, no nos hubiésemos prestado a esto.

-¡Silencio!- gritó Gabriel, parando la discusión de los dos ministros-, vamos a hacer lo que se nos ha mandado, es lo único sobre lo que conservamos un poco de control.

No me detendré en lo que sucedió en el pleno del capitolio, ya que todo lo que pasó fue que los convocados simplemente asintieron a la propuesta de rescatar a Magno, como era obvio; aunque esto se diga rápido, la misión de rescate suponía una guerra con Alud (justo lo que no quería Máximo), ya que el enfrentamiento contra los soldados de Alud estaba servido, y estos tenían muchas ganas de guerra, o, al menos, esto es lo que cabría esperar, pero lo cierto es que muchos de los terroristas tomaron una opción muy diferente, atentos, ya que os voy a transcribir la conversación exacta que tuvieron Camino y Caleb, a razón de la misión de rescate, la cual presenciaron altos mandos de Alud, muchos de los cuales siguen con vida y pueden dar testimonio de lo que os digo.

-Caleb, voy a hablarte con total sinceridad- Camino se veía muy afectado, pues esta era una conversación difícil- sé que no vas a estar de acuerdo, pero debo darte la opción que le daré a todos, y por respeto a tus años de servicio, te la daré a ti el primero. Caleb, el peor de los escenarios que planteamos anoche, ante el silencio del Estado, es en el que nos encontramos, debemos huir.

-¡Has perdido la cabeza! ¿cómo vas a dejar a nuestra querida ciudad sola?- al ser un veterano de Alud, Caleb sí tenía una especie de siniestro afecto hacia Ur, aquellos primeros rebeldes justificaban la opresión a la que sometían a su ciudad con la idea de que era necesario para hacerle frente al Estado.

-Piénsalo, Caleb, el pelotón que mandarán para el rescate no es cualquier cosa, aprovecharán la excusa de salvar a Mango para destruirlo todo, nos hemos equivocado, la bomba no la puso el Gobierno, esto ya lo hablamos anoche, si algo de esto pasaba, debíamos huir.

-No me creo lo que estás diciendo- contestó Caleb- tú eras el que más seguro estaba de que la bomba la puso el Gobierno, que este plan era una victoria garantizada, nos hiciste a todos creer eso, y, ahora, cuando el plan se te tuerce, das marcha atrás y abandonas todo por lo que hemos luchado.

-Razona, Caleb, no uses tu corazón, usa tu cerebro, si nos vamos de aquí con Magno, el ejército solo malgastará sus recursos y su tiempo; podríamos cobrar un rescate para volver con más fuerza, la vida de Magno es como un cheque en blanco, podemos pedir lo que sea.

-Suenas como un hombre que ha perdido la fe, que ha olvidado todo por lo que ha pasado y luchado, te garantizo que ese "cheque en blanco" no va a hacerte ningún favor- las palabras de Caleb resultaron proféticas, no por nada era el veterano más admirado de Alud.

-La opción es libre- afirmó el comandante- los que quieran quedarse podrán hacerlo, sé que no puedo obligar a algunos de vosotros a huir.

-Al menos te honra eso- contestó Caleb, asqueado- si te tienes que ir, vete, yo me quedaré en Ur, defendiendo lo que es nuestro.

En ese mismo instante, Alud se dividió de manera no oficial en dos facciones, una que marchó con Camino hacia una base que tenían en la ciudad de Isin, en la frontera de Molburgo con el extranjero, y otra que se quedó en Ur, dispuestos a dar su vida por defender la ciudad del ataque.

El grupo de Camino era solo algo menor que el que se quedó en Ur con Caleb, lo cual muestra la gran división que provocó el asunto. Esta escisión explica que, cuando llegó el ejército a Ur, hubieran muchos menos enemigos de los esperados, y que la ciudad cayese con relativa facilidad, devolviendo Ur al control del Estado después de cuarenta años de rebeldía. Toda la guerra en Ur contra Alud perduró por poco más de una semana, tras la cual, la facción que se quedó allí, fue completamente destruida, las bajas de Alud fueron altísimas, incluso murió el propio Caleb. Aunque el ejército de Molburgo también tuvo severas bajas al principio del conflicto, lograron controlar la situación.

Muchos no saben que existió esta escisión, quedando muchas preguntas sin respuesta, pero lo cierto es que así es cómo sucedió, seguro que ahora, conociendo esto, os explicáis muchos de los misterios que rodean a la desaparición de este grupo.

Antes de despedirme, quiero comentaros que he estado hablando con algunos de los médicos que tuvo Magno, para descubrir la razón de su tontura, pero todavía no he sacado nada en claro, dentro de poco me citaré con algunos más de ellos, espero que estos sí sepan algo, aparte de sus problemas de mandíbula, que le dificultaban comer, como ya sabemos.

Josué me ha dicho que va a trabajar con vosotros en futuros artículos para la convención y la investigación general, sois muy afortunados por tener la oportunidad de trabajar con un profesional tan grande como él, de seguro tenerle cerca os será de mucha ayuda para escudriñar todo el contenido de mis cartas; al margen de lo anterior, de veras me alegro de que personas tan preciadas para mí colaboren juntas. Me despido de mis paisanos, con un cálido abrazo.

Capítulo 5

Saludos compatriotas, os deseo mucha suerte en la convención (si es que la necesitáis); todos los patriotas de bien, consideran esta ocasión una oportunidad de oro para callarle la boca a los apologistas de la dictadura, esos culturetas extranjeros que, pretendiendo abanderar la libertad, resultan ser de lo más totalitario.

Sé que mi última carta fue muy densa, y que las reuniones y debates a los que asistiréis durante la convención os ocuparán mucho tiempo, por ello, esta quinta y penúltima carta será algo más escueta. Hoy os contaré una pequeña anécdota; una visita que hice a nuestro querido doctor Josué en su editorial, a razón de la guerra con Alud, pues, por aquellos días, él todavía era periodista en Molburgo, y, como no podía ser de otra manera, estaba tratando el tema más candente e importante del momento. Sin embargo, antes de empezar, he de confesar que la narración de esta quinta carta no será tan fidedigna como las anteriores, pues debo salvaguardar mi identidad, como vosotros comprenderéis; espero que leáis esta carta junto a Josué, estoy convencido de que le será agradable recordar aquellos entonces.

La guerra con Alud había comenzado hace cuatro días, muchos estábamos desesperados al no encontrarse ni rastro de Magno, esta desesperación era alimentada también por los innumerables rumores que circulaban por las calles, las plazas, la prensa y cualquier círculo social; preso de esa angustia, decidí hacerle una visita a mi buen amigo Josué, que era redactor jefe de un importante periódico orientado a temas de Defensa y del Interior, el popular "Paso Adelante", llamado así por esa mítica frase de Krauz: "Molburgo estaba al borde del abismo, y dimos un paso adelante".

Al llegar al edificio del periódico fui directo a su oficina, donde él y algunos ayudantes suyos escribían los artículos, encontré a Josué escribiendo algo, pero, al verme, inmediatamente se detuvo y se levantó de su escritorio para recibirme.

-Pero bueno, amigo mío- me dijo sonriendo- ¿qué viento te ha traído hasta mi oficina?

-Uno muy fuerte, desde luego. A ver si hablando con alguien más me despejo, que el ambiente está muy sobrecargado por allí, y si además salgo de tu oficina con algunas respuestas sería perfecto.

-Eres exigente, eh, ven, sentémonos en mi escritorio.

La oficina de Josué era todo un taller de redacción, bastante amplio, de tal manera que nuestra charla no interrumpiría el trabajo de sus ayudantes, que se encontraban inmersos en sus artículos. Me senté al lado de Josué en su escritorio, que siempre estaba desordenado y hasta arriba de todo tipo de papeleo, mas siempre respetando el espacio de la máquina de escribir.

-Si buscas respuestas, me temo, amigo mío, que eso es justo lo que no tengo- me contestó Josué, decepcionado- figúrate que estamos escribiendo solo artículos de opinión, porque no se sabe nada, y tampoco tenemos la poca vergüenza de inventarnos datos, a no ser que nos obliguen a ello, lo qué sea por el deber.

Como es evidente, ese último comentario fue con un tono irónico, pues ya desde entonces, ambos, más él que yo, teníamos una opinión bastante negativa de este régimen, de su concepto del "deber" y de su forma de hacerlo cumplir.

-Es surrealista- seguí argumentando- estoy harto de preguntar, pero solo me dicen que es normal, y que, conforme pasen los días, nos iremos enterando de todo.

-Lamentablemente, es cierto- respondió el periodista- cuando tratas con una guerra, la información probada es muy escasa, ahora bien, los rumores son otra historia.

-Los rumores ya me aburren, en estos cuatro días lo único que escucho es: "Magno ha muerto en un bombardeo del ejército", "Los terroristas están haciendo ataques suicidas"... No los soportó.

-Normal, esos son chismes de patio de colegio, nada serio- Josué volvió a sonreír, mostrándose seguro- pero los rumores que manejamos aquí pueden tener algo de verdad en ellos.

-Suena interesante, cuenta.

-Verás, algunos soldados heridos que han regresado de Ur, cuentan que hay menos efectivos de Alud de los esperados.

-¿Y?- pregunté, ingenuamente-, puede ser que esos soldados hayan pisado poco el campo de batalla.

-Puede, pero no es probable, ya que Alud, después de que su comandante diera ese catastrófico mensaje, tendría que estar preparado para lo peor- Josué, que se había puesto serio, hizo una pausa y volvió a sonreír, como acostumbraba- sin embargo, todo el asunto no acaba aquí, ya que unos terroristas que tenemos como rehenes, han confesado que una parte de ellos ha escapado con Magno hacía otra ciudad.

-¡Imposible! Alud no tiene nada ni nadie fuera de Ur, o esa confesión es falsa, o es una mentira para desalentar al ejército.

-Yo no sé qué creer- respondió mi amigo, sin negar aquel rumor- Alud tiene muchos secretos, nuestros soldados siguen buscando su cuartel general, nadie sabe en qué lugar de Ur se encuentra. Quizá una sede en otra ciudad sea solo uno de esos secretos.

-Pero también es famosa su fidelidad- inquirí- ningún rehén de Alud ha confesado jamás algo, no veo por qué lo harían ahora. De cualquier forma, es un rumor interesante, ¿lo vais a publicar en la edición de mañana?

-No creo- contestó Josué, sin sonreír- la Censura me lo eliminaría, es una noticia algo fuerte a estas alturas.

-El mismo cuento de siempre- dije, tras suspirar- ¿y estos ayudantes tuyos?, no me suenan de mi última visita, ¿son nuevos?- le pregunté, al ver dos caras nuevas en su oficina.

-Cállate, anda- me respondió Josué, al oído-, menudos elementos me han colado.

Tras decir aquello, Josué llamó la atención de una mujer y de un hombre, justo los dos que no me sonaban, y les pidió que me explicaran cómo habían acabado escribiendo para "Paso Adelante". La mujer fue la primera en contestar.

-Mire, señor, yo estudiaba finanzas, en mi último año de universidad, vino el presidente Magno a dar una charla a mi facultad, la cosa es que el pobre del presidente se quedó encerrado en el baño, el señor Magno daba unos gritos horribles, pero nadie le escuchaba, por suerte, yo me encontraba por allí, en el baño de chicas, y le abrí la puerta, nuestro líder estaba tan agradecido conmigo que me dio este puesto en el periódico, al final no terminé mis estudios, este puesto es mucho más seguro.

A la explicación de la joven, le siguió la del hombre.

-Bueno señor... Yo me dedicaba al mantenimiento en el palacio presidencial. Una tarde, Magno me pidió ayuda para abrir un chocolate que no tenía abrefácil, sin más contemplaciones, le abrí el envoltorio, yo solo le abrí un dulce y me ofreció este cargo, se cobra bastante mejor. Me gustaría haber entrado en un puesto de la Administración, pero parece que ya estaba repleto el cupo.

-Entonces- le susurré a Josué- ¿ellos te ayudan a redactar sobre temas de guerra?

-Lo intentan, lo cierto es que tengo que revisar sus artículos constantemente; no necesitaba más ayudantes, pero un día vino un hombre del Gobierno con estos dos y me los tuve que tragar. Ni siquiera nos han dado una subvención mayor por tenerlos aquí.

Aquello me decepcionó bastante, pues Josué se veía afectado.

-Para mí es difícil, pero tú podrías buscar un futuro mejor- le dije a mi amigo, con toda sinceridad.

-Yo solo espero que el rumor de los bombardeos sea cierto.

Josué dijo eso con un tono muy bajito, pues nadie podía saber que una persona con su cargo tenía tales ideas; él, yo y otros compañeros nos hartamos de la censura, la arbitrariedad, la mentira... Todo ello constituía el fuel de nuestra impotencia.

No se crean que salir de Molburgo y buscarse la vida en el extranjero era fácil, peor aún si tenías algún cargo; limpiar tu imagen hacia el mundo es una tarea fatigosa, una tarea que consume todo tu ser, contra más alto el cargo, más rechazo y miedo encontrarás allá afuera; pero nos quejamos de vicio, nosotros tuvimos suerte, muchos otros desearon tener lo que nosotros tenemos y no lo tuvieron, en estas y otras cosas se ha detenido mi pensamiento.

No obstante, quiero concluir esta carta con un mensaje positivo, pues todos estos años me han enseñado que, la mente, al igual que puede ser una poderosa herramienta, también puede ser un poderoso enemigo, pero nosotros mismos tenemos el control, ¿de qué nos sirve solo pensar? Quizás he pasado demasiado tiempo solo pensando, quizás vosotros me habéis buscado para ayudarme a mí, y no para que yo os ayude a vosotros, de suerte que el maestro no es el que enseña, sino el que nunca deja de aprender. Me despido de vosotros tres, Aarón, tu tutor Esaú, y de Josué, a los que considero mis amigos por igual.

Capítulo 6

Saludos, amigos y referentes míos, pues sí, después de lo visto estos días, os habéis convertido en todo un modelo a seguir para mí, y también para muchos más; la manera de cerrarle la boca a esos asquerosos apologistas del régimen, ha sido simplemente deliciosa. Al ser esta mi última carta, no quisiera alargar la introducción, pero antes de empezar, me gustaría decirle a Josué (pues sé que continúa trabajando con vosotros, me alegro por ello), que siga en el camino que está tomando, ya que ese es el camino correcto; Josué, viejo amigo, sé que me entenderás.

Retomaré nuestra historia exactamente el día cuarto tras el estallido de la guerra con Alud, pues fue el día en el que Camino y los suyos planearon lo que harían con Magno; como intuiréis, esta escena ocurrió el mismo día en el que yo le hice esa visita a Josué, lo cual es, llanamente, una macabra coincidencia.

Resulta que los terroristas ya se habían acoplado en su base de Isin, y sintieron que debían tomar alguna acción pronto, pues las pocas noticias que les llegaban de Ur no eran para nada buenas, es más, al par de días siguientes se enteraron de la muerte de Caleb, lo que hizo a muchos perder la fe en el grupo, aunque lo que acabó haciendo Camino fue aún más desalentador, pero no nos adelantemos. Las malas noticias llevaron a que, en ese día, el comandante y sus dos hombres de confianza en aquel entonces, Adán y Tobías, elaborasen su plan definitivo.

-De acuerdo- dijo Camino, intentando parecer seguro de lo que hacía- si sabemos lo que nos conviene, acabaremos con este asunto de inmediato.

-Comandante- empezó a decir Tobías- antes de nada, tenemos que asegurarnos de que el Gobierno va a pagar el rescate.

-Por supuesto que pagará- respondió Camino, tajante- el Gobierno no puso la bomba, debes asumir eso, si no, no hubieran enviado a su maldito ejército a Ur.

-Yo no estoy tan seguro- replicó Adán- capaz es todo una estratagema.

-¿Y qué propones tú?- preguntó el comandante, sin esperar una respuesta- las órdenes las doy yo, además, hablas como si tuviésemos más opciones.

-Deja de dudar de todo, Adán- añadió Tobías- aunque las cosas se hayan torcido, debemos seguir adelante; vamos a hacer que esos monstruos del Gobierno nos reparen con creces todo lo que el cerdo de Magno se ha comido.

Ese chascarrillo no consiguió disipar las dudas de Adán, sin embargo, no era mentira que Magno estaba comiendo demasiado, él creía que esto del secuestro era como una especie de crucero, es más, todavía creía que estaba de camino a Ur, ya que, como no veía la luz del sol (pues no lo sacaban de su jaula sin vendarle los ojos), no tenía forma de fijarse en el paso de los días, su poca inteligencia tampoco le ayudaba a descubrir lo que le estaban haciendo; como os iba contando, al creer él que todo esto era como un crucero, se deleitaba pidiendo a sus carceleros dulces, que le daban para mantenerlo callado, la dulzura que le proveían sus secuestradores, hizo las delicias de sus últimos días, mientras se tumbaba en el suelo de una celda que se le antojaba como la más decente suite, cuando, en realidad, lo estaban cebando a base de conmiseración.

-El Gobierno va a pagar- concluyó Camino- ha de hacerlo; dame papel y pluma, vamos a redactar la carta con nuestras peticiones.

Tobías se levantó de la mesa, sumiso, para traer lo requerido.

-Muy bien- dijo el comandante- ahora, Tobías, escribe tú lo que yo te diga.

-Por supuesto, señor.

-Comandante- cortó Adán- antes de comenzar, vamos a dejar en claro una cosa, ¿qué vamos a hacer con lo que nos paguen del rescate?

-Invertirlo- contestó Camino- si no tienes que preguntar ninguna tontería más, podemos empezar a escribir.

En ese mismo instante, Camino comenzó a dictar las peticiones de Alud. Adán solo hizo una o dos preguntas durante todo el proceso, preguntas, además, nada comprometedoras, pues ya sabía adonde iba a parar todo aquello. Tras acabar Tobías de redactar la carta, esta fue entregada a un espía de Alud, el cual la dejó en la oficina de correspondencia del capitolio, cuando llegó a la capital al día siguiente; junto a la carta se añadió una nota que exigía que, quienquiera que la encontrase, la hiciese llegar inmediatamente al ministro Gabriel. Otros mensajeros de Alud salieron después que este, para entregar una copia a diversos cargos públicos importantes.

Antes de pasar a la siguiente escena, voy a complacer vuestras demandas, ya que habéis hecho bastantes preguntas sobre la base de Alud en Isin, y considero que debo dar respuesta a todas las que me sea posible. Con respecto al origen de la base, resulta que Alud, tras llegar Camino al puesto de comandante, cambió de enfoque, Alud pasó de centrarse solo en Ur a expandirse por algunas otras ciudades que compartieran características con su ciudad de origen, yo solo tengo conocimiento de la base de Isin, pero estoy seguro de que existirán algunas más en otras ciudades.

Alud no fue muy bien recibida en Isin, ya que intentó replicar el dominio que ejercía sobre Ur allí, lo cual consiguió a medias, logrando imponer su voluntad en la zona en la que instalaron la base; al ser Isin una ciudad fronteriza, el Estado Central tenía poco control sobre ella, de forma que Alud pudo sobornar a las autoridades que les seguían la pista, es más, las fuerzas del orden de Isin eran una excelente cantera de colaboradores de Alud, al menos fue así al principio, poco después optaron por un secretismo extremo, haciendo pasar la sede de Isin por un grupo terrorista distinto, camuflando cualquier conexión entre Alud y los terroristas de Isin. Sé que todavía habrán más dudas, pero esto es todo cuanto sé de este tema.

Volviendo al asunto de la carta, esta les llegó a los ministros por la mañana del día siguiente (como hemos dicho), mientras se encontraban en el despacho de Gabriel, leyendo el diario "Estado Libre", uno de los más serviles que había en Molburgo por aquellos entonces.

-Mirad, mirad lo que pone aquí- dijo Miguel, señalando un titular.

-"Altos cargos del ejército aseguran que el presidente Magno ha podido ser alcanzado accidentalmente por un bombardeo de la Fuerza Nacional"- leyó para todos, Rafael.

-¿Creéis que los infiltrados del señor Máximo ya han dado caza a Magno?- preguntó Uriel, angustiado.

-Ojalá amigo mío, ojalá- respondió Gabriel, suspirando.

-Mirad este- volvió a comentar Miguel, señalando otro titular.

-"Chocolates Balor retirará sus envoltorios con abrefácil"- leyó Rafael.

-Ese no- dijo Miguel-, Rafa, lee el de abajo.

-"Diversos sectores de la Administración sospechan que existe una trama interna que intenta asesinar al presidente Magno".

Rafael, al leer tan nefasto titular, se alteró muchísimo, y no solo él, Miguel y Uriel también se veían afectados, sin embargo, solo él alzó la voz.

-Gabriel, tú controlabas la prensa, ¿cómo se te ha escapado este artículo?

-Rafael, no seas bobo, si ordeno censurar ese artículo, voy a quedar como el sospechoso número uno- explicó Gabriel, alterado- tenemos que tener un poquito más de cabeza, por favor.

-Ur está en llamas- replicó Uriel- hemos sacrificado una ciudad entera, no sé si eso es tener cabeza.

-Esa fue la orden del señor Máximo- respondió Miguel.

-Y mira donde estamos ahora- replicó Rafael.

Los ánimos se estaban acalorando entre los cuatro, pero, antes de que salieran a golpes, entró por la puerta un perturbadísimo oficial, que ni siquiera llamó al despacho, entrando corriendo, muy alborotado.

-¡Ay, señor Gabriel! ¡Dios Santo, señor Gabriel!

-¿¡Qué diablos te pasa!?

-Acaban de encontrar esta carta en la oficina de correos del capitolio, tiene una nota que pide que se la entreguemos a usted.

-¿Qué pretendes?, ¿qué yo abra la carta?, ¿y si es una bomba?, no se puede ser más imbécil.

Rafael, muy furioso, se levantó de su silla y le arrebató la carta al oficial, sacándola del sobre y entregándosela a Gabriel.

-Gracias, Rafael- contestó Gabriel, confuso- voy a leerla, pero antes, que salga el inútil este.

El pobre oficial, que estaba pagando toda la frustración de Gabriel, salió por la puerta, y el ministro no comenzó a leer hasta que se dejaron de escuchar los pasos del tipo.

-"Yo, Camino, el comandante y líder de Alud, ofrezco un rescate por el presidente Magno, exijo un octavo de las reservas de oro del país, y que cese el asedio a Ur; el intercambio se realizará en la ciudad de Kedesh, justo cuando pasen tres días y tres noches de haber recibido vuestra respuesta, de no recibir noticias de su Gobierno en menos de una semana, mataremos a Magno. Antes de despedirnos, sabe que una copia de esta carta llegará hoy mismo a varios ayuntamientos del país, para que no tengas la tentación de ignorar nuestras peticiones, si te hemos hecho llegar esta carta a ti primero, es debido a que a ambos bandos se nos acaba el tiempo."

La carta fue igual o más desconcertante que el mensaje en el que enseñaron a Magno con vida, parecía que el destino protegía a ese retaco de morir.

-No lo entiendo- dijo Uriel- si los terroristas están en Ur, ¿cómo es que tienen las agallas de hacernos peticiones? No pueden estar allí.

-Es obvio que no están en Ur- continuó Gabriel-, Dios mío, si ignoramos sus demandas y los buscamos, ¿qué opinará Máximo?, ¿qué pensarán los funcionarios?, tenemos que acceder, y encargarnos de Magno nosotros.

-¿Estás loco?- contestó Miguel-, un octavo de las reservas de oro no es cualquier cosa, son toneladas de oro, toneladas.

-Lo tengo claro- dijo Rafael- habéis perdido el juicio todos, ¿no os dais cuenta de en qué situación estamos ahora?, ¿tan ciegos estáis? Si nos negamos a pagar, todos sabrán que nosotros fuimos los que conspiramos, y si pagamos, fallamos la misión que nos encargó Máximo, hagamos lo que hagamos salimos mal, muy mal, van a matarnos, estamos sentenciados a muerte.

Los cuatro asumieron esa dura realidad, continuando con sus labores cabizbajos, aceptando el destino que se buscaron asociándose con ese maldito de Máximo.

Los ministros no esperaron ni un minuto más y convocaron un pleno en el capitolio, donde presentaron la dichosa carta. El pleno decidió que no pararían la lucha en Ur, pues cabía la posibilidad de que todo el cuento del rescate fuese una maniobra de distracción, y sí accedió a entregar una parte de las reservas de oro, pero, evidentemente, no un octavo, ya que la suma ascendía a la friolera de cincuenta toneladas de oro. Esa misma noche, llegó una copia de la susodicha carta, idéntica a la original, a los ayuntamientos de las ciudades más importantes; como ya el Gobierno estaba sobre aviso, lograron capturar a uno de los espías mensajeros de Alud, pero este, viéndose acorralado, se inmoló, matando a los guardias que le rodeaban.

Al día siguiente, el Gobierno hizo público todo el asunto, y manifestó su intención de hablar con Alud; entre una cosa y otra, para cuando empezaron las negociaciones, el conflicto en Ur había escalado tanto que ya la ciudad estaba toda destruida, por ello, la petición de Alud de parar la guerra ya no podía cumplirse, además, la noticia de la muerte de Caleb afectó al grupo profundamente, como ya os dije, y muchos abandonaron la banda. A pesar de todo, Alud seguía teniendo la ventaja, pues la ubicación de su escondite era un total misterio, y tenían al mismísimo dictador de rehén.

La intención de Camino de hacer el intercambio luego de tres días y tres noches de recibir la respuesta del Gobierno, no se cumplió, como tampoco se cumplió la detención de la guerra, por lo antes explicado, del mismo modo, tampoco se cumplió el pago de la suma exigida, ya que era una cantidad desorbitada, al final, se acordó pagar quinientos kilos de oro en lingotes por la vida de Magno, que no era para nada una suma despreciable. Todo esto que os cuento se dice en un simple párrafo, pero es solo el resumen de toda una semana de negociaciones.

El intercambio se acabó realizando en la entrada oeste de la ciudad de Kedesh, (ciudad muy cercana a Isin) debajo del Puente de la Victoria, sin presencia ni de la Fuerza Nacional ni de los soldados de Alud, ni de periodistas ni nada similar, ya que fue una condición que establecieron ambas partes, estando solo presentes los pocos agentes necesarios, entre los cuales se contaban, como cabría esperar, Camino y Gabriel. Camino y Gabriel estaban separados por unos cientos de metros; justo detrás del comandante, había un coche, y detrás de Gabriel, unos carros de carga portando unas cajas, uno de los hombres de Alud se acercó a los carros, y un oficial del Gobierno al coche, al comprobar uno y otro que allí se encontraba lo que querían, oro el uno, y Magno el otro, hechas las comprobaciones, el intercambio pudo iniciar; los hombres de Alud se subieron a los carros y los condujeron hacía su lado, los oficiales hicieron lo propio con el coche; mientras se daba la curiosa transacción, Gabriel y Camino se pusieron a hablar, ya que ninguno de los presentes iba armado (fue otra de las condiciones), de todos modos, guardaron distancia.

-Magno se ha quedado dormido en el coche- dijo Camino- cuando lo metimos adentro, intentó patalear, menos mal que estaba atado.

-Le aterran los coches- respondió Gabriel, muy seco, como era de esperar.

-Qué miedo más extraño.

-Creo que de pequeño sus padres lo dejaron encerrado en uno, no es nada seguro aún así.

-Por cierto, tu jefe come un montón- comentó Camino- voy a necesitar una buena parte de todo ese oro solo para compensarlo.

-Qué gracioso, el imbécil- replicó Gabriel, lleno de ira.

-Dime lo que quieras, algo me dice que yo estoy en mucha mejor posición que tú, yo al menos tengo dinero para consolarme, pero tú no tienes nada, otra vez vas a estar bajo el yugo de ese tarado. Los chicos de Krauz lo dejaron todo muy bien atado, ¿me equivoco?, das lástima, vas de gallito, pero eres una insípida sanguijuela, como todos los de tu clase.

Gabriel no respondió a eso, su dignidad era insalvable, ese terrorista le había humillado como solo Máximo lo había hecho. Con su autoestima por los suelos, se acercó al coche, los oficiales ya habían desatado al presidente, que se encontraba sentado en el suelo, tomando respiraciones muy fuertes y mirando a su alrededor angustiado. Magno se veía fatal, llevaba la misma ropa que el día de su partida en tren hacia Ur, solo que ahora esta estaba toda llena de manchas de chocolate, parecía un niño de preescolar después de merendar.

-Señor, ¿qué está haciendo?

Magno no respondió. Gabriel, necesitando desquitarse con alguien, se le olvidó su delicada situación y gritó al presidente, (como si eso importase a esas alturas).

-¡Responde, imbécil!

-¡Oh! Gabriel, mi amigo, mi hijo, cuánto te he echado de menos.

-¿Qué hace sentado ahí solo?

-Solo quería verte a ti...

-Levántese, los demás ministros nos esperan en Kedesh.

-¿Me tengo que montar en coche?- preguntó Magno, muy triste.

-No, señor, vamos andando.

Eso era una verdad a medias, solo andarían un poco hasta llegar al coche presidencial, pero el ministro no quería complicarse la vida. Antes de echar a andar con Magno, Gabriel echó la vista atrás, viendo como Camino y los demás terroristas se iban de rositas, con aire triunfador.

Lo cierto es que esto era así solo para Camino, verán, resulta que Alud ya estaba prácticamente disuelta para el momento del intercambio; la facción más idealista fue destruida por completo en la guerra de Ur, y de los que se fueron con Camino a Isin ya quedaban muy pocos, puesto que, conforme iban avanzando las negociaciones con el Gobierno, y al ir cediendo Camino, muchos de los miembros decepcionados se fueron saliendo; para aquella noche, Alud solo era Camino, que había renunciado a todo por el dinero, pues consideraba que eso era lo único que le quedaba, y los pocos camaradas más ambiciosos que decidieron seguirle hasta ese despreciable punto, todo con tal de repartirse el botín, aunque Camino los acabó traicionado, quedándose con todo.

Adán y Tobías, que eran como hermanos, se pelearon tras la primera cesión de Alud al Estado, dejando Adán el grupo, escapando al extranjero por la frontera en Isin, Tobías se mantuvo fiel a Camino hasta el final, pero poco antes del intercambio, se dio cuenta de la traición de su comandante a los ideales del grupo, y se marchó al extranjero también, en busca de su amigo Adán, y de otros que antes que él hicieron lo mismo. En cuanto a Camino, tomó todo el oro y puso rumbo a un país pobre, más pobre que Molburgo, donde el dinero escasea, y empezó a darse todo tipo de caprichos, desde entonces vive a cuerpo de rey.

En resumen, los que no murieron en Ur; o se fueron del grupo tras enterarse de la derrota, o ante las continuas cesiones que Camino le hacía al Gobierno. Muchos de los que justificaban el terrorismo de Alud, se sintieron decepcionados por el final de su historia; yo no, desde luego, eso solo le pasa al que romantiza el terrorismo, no caeré yo en ese error.

Como dije, Gabriel y Magno echaron a andar hacia el coche, para luego entrar en Kedesh; en el pequeño camino hacia el vehículo, Magno le hizo una pregunta bastante aguda al ministro.

-Oye, Gabriel, hijo mío, cuando me encontraba sentado en el suelo, debo reconocer que estaba un poco embobado, me gritaste algo, pero no lo escuché, ¿qué me dijiste?

Como era de esperar, Magno estaba tan empanado que no escuchó cuando, con tanta fuerza, Gabriel le llamó "imbécil" en toda su cara, ahora tenía la oportunidad de decírselo de nuevo, de dejárselo bien claro.

-¿Sabe que le dije? Le dije... Responda, amado líder.

-Eso me imaginaba, qué bueno eres siempre conmigo, Gabriel.

Como temía Gabriel, Magno hizo un berrinche para montarse al coche, su última pataleta. Resulta que, como el "rescate" se realizó muy tarde en la noche, los cuatro ministros decidieron pasar esa noche en la ciudad de Kedesh, en el cuartel general del ejército, que se encontraba en el centro de la ciudad, allí cenarían y dormirían antes de marchar en avión hacia la capital, donde anunciarían el esperado regreso del presidente; pensaron que era lo mejor, acabar ese nefasto día pronto; sin embargo, como ya saben, lo esencial ocurrió solo algo más tarde, el día estaba lejos de acabar.

Antes de proseguir, tengo buenas noticias, he conseguido hablar con el ayudante de un médico que trató a

Magno en su adolescencia, por desgracia, el médico en cuestión falleció, pues estamos hablando de algo que ocurrió hace varias décadas. Dicho ayudante, que, a día de hoy, es todo un anciano, me dijo que Magno nació con una deformidad en la mandíbula, una sutil, pero peligrosa, y que esta iría a peor conforme pasaran los años, por ello, sus padres acordaron operarle, según me contó este señor, la operación fue un éxito parcial, pues se les complicó más de lo esperado, consiguieron impedir que el problema se desarrollara, pero, a cambio, dificultaron de por vida su capacidad para masticar y comer; esto no termina aquí, ya que la operación era reforzada con una medicación a largo plazo, la cual contenía mercurio, Magno estuvo consumiendo esta medicación por años, hasta que la sustituyó por una mejor, sin embargo, los efectos en su cerebro ya eran irreversibles, causándole demencia a sus cuarenta y pocos años.

Esto resuelve todos los misterios, pues explica la dificultad de comer de Magno, que se pasase media vida de doctor en doctor para ver si alguien le arreglaba su problema, y que lograse ser uno de los hombres de confianza de Krauz, para luego, a los pocos años, volverse "loco". Al final va a resultar que el pobre Magno fue solo una víctima de la mala fortuna.

Cuando llegaron al cuartel de Kedesh, lo primero que hicieron fue darle un baño al presidente y cambiarle de ropa. Mientras tanto, las doncellas preparaban el pollo asado que servirían de cena. Magno estuvo listo antes que la comida, de tal forma que él y sus cuatro chicos de oro tuvieron la ocasión de "disfrutar" de la presencia de unos y otros, sentados alrededor de una misma mesa.

-Hijos míos- dijo Magno, con cariño- hacía tanto tiempo que no nos sentábamos los cinco a tener una cena juntos.

-Es cierto- contestó Miguel- ¿cómo hemos podido permitir esto?

-Eso digo yo- añadió Rafael- al final los tontos somos nosotros cuatro.

-¿Qué hay de cenar?- preguntó Magno-, estoy hambriento.

-Pollo, señor- contestó Uriel, apenado- todavía va a tardar un poco... Tenemos vino, podemos ir bebiendo si quieren.

-Bebamos, por favor- Gabriel, al decir esto, se levantó y se sirvió una gran copa- este líquido, rojo como la sangre, va a ser nuestro único consuelo esta noche.

-Gabriel, échame- dijo Rafael.

Gabriel, sorprendentemente, obedeció y sirvió a todos, llenando las copas de manera generosa.

-Beba, señor nuestro, beba- dijo Miguel- por los que no podrán beber.

-Qué raro- inquirió Magno- llevamos un rato a la mesa y no os habéis alegrado por mi regreso, os noto un poco fríos.

-Eso es porque teníamos muy interiorizado su regreso, señor- explicó Uriel.

En ese instante llegaron las doncellas, con un pollo asado sobre una bandeja plateada, sirvieron el pollo en los platos de los ministros y del presidente, además de dejarles una cesta con pan blando, pues era el único que Magno podía comer, y otra bandeja con un gran flan, cubierto con caramelo.

-Muslitos, lo que más me gusta- dijo Magno, con una sonrisa de oreja a oreja.

-Eso, usted coma- dijo Rafael- que aproveche.

-Que aproveche mucho- continuó Miguel- no nos queda otra.

-Bueno- dijo Magno, mirando a todos, sonriendo con picardía- ¿es que ninguno de vosotros me va a preguntar cómo ha ido mi secuestro? Adelanto que ha estado bastante bien.

-Señor- empezó a decir Uriel-, un secuestro no es algo bueno.

-Uriel, no fastidies, por favor- replicó el presidente.

-A ver- resopló Gabriel- ¿cómo le ha ido el maravilloso secuestro al presidente?

-¡De escándalo!- gritó Magno, lleno de ilusión- he tenido varios zulos, todos enormes y muy cómodos, para lo que es un zulo, porque yo recuerdo el zulo en el que metieron al ministro de obras públicas, ese que raptaron el año pasado, ¡y no tiene nada que ver!

-Yo espero que la caja de pino sea igual de cómoda- protestó Miguel.

-Y todavía no he dicho nada de la comida- siguió Magno- pedía un dulce, y me lo daban, así de simple, yo creía que en los secuestros había menos variedad, pero nada, cualquier dulce que quisieras, allí estaba, ¡con lo que me pierde un dulce!

-Entonces, ¿el señor ha estado bien?- preguntó Uriel.

-Sí, sí, se lo recomendaría a cualquiera- comentó el presidente- ¡ay! Pero ya os echaba mucho de menos, hijitos míos, tengo muchas ganas de volver al trabajo, me necesita tanta gente. Sé de buena tinta que mis ciudadanos y mis oficiales se desviven por mí...

-¡Se acabó!- explotó Rafael- nada de esto tiene sentido.

-¿Qué hablas, Rafael?- preguntó Miguel.

-Lo que digo es que no deberíamos estar aquí ninguno de los cuatro, estamos haciendo el cateto, tendríamos que estar aprovechando el poco tiempo que nos queda para irnos muy lejos.

-¿A dónde, Rafa?- preguntó Uriel-, no podemos salir sin levantar sospecha.

-¿De qué habláis?- preguntó Magno.

-¡Usted se calla!- gritó Miguel.

-¡Miguel! Pero bueno, no me gusta que me habléis así, lo sabéis de sobra, con lo que yo he hecho por todos ustedes.

-¡No lo aguanto ni un segundo más!- gritó Gabriel, como un descosido.

-Gabriel, hijo mío, no grites- dijo Magno, asustado.

-¡Usted cómase el pollo y púdrase!

Tras decir esas últimas palabras, Gabriel salió corriendo de la sala donde estaba teniendo lugar tan pintoresca Última Cena. Uriel salió detrás de él, para alcanzarle y hacerle entrar en razón, al final, lo encontró sentado al lado de un robusto naranjo, en el patio interior.

-Gabriel, no deberías haber hecho eso- le dijo Uriel, nada más verle.

-Ya da igual, Uriel.

-No, no da igual, hemos dicho cosas que nos pueden valer una ejecución.

-Nos van a ejecutar de todos modos, si no es esta gente que nos rodea, los militares, los funcionarios, los senadores del capitolio; será Máximo, ya escuchaste esa amenaza que nos hizo: "Más vale que no me falléis". Pues bien, le hemos fallado, no tenemos escapatoria.

-Ya hemos hablado los cuatro de esto- dijo Uriel, con un tono tan dulce que resultaba siniestro- ya hemos aceptado nuestro destino, e irnos del mundo con la mayor dignidad posible.

-Pues yo no lo acepto- replicó Gabriel- quiero vivir, como sea, pero vivir.

En ese mismo momento, como si se tratase de un chiste de humor negro, escucharon la voz de Rafael y de Miguel gritando: "¡Ayuda, auxilio!". Al escuchar a sus compañeros gritar, regresaron corriendo a la sala donde estaban cenando, allí dentro, vieron al presidente agonizando, vieron a Magno tirado en el suelo, agarrándose la garganta con las dos manos, con la cara muy roja y los ojos desorbitados.

-¿Qué ha pasado?- preguntó Uriel, realmente preocupado.

-¡Magno!- gritó Miguel- ¡Magno se ahoga!

-Cuando vosotros dos salisteis- explicó Rafael- empezó a llorar y a comerse los muslitos de pollo al mismo tiempo, y parece que, con lo torpe que es, se ha atragantado con un huesecillo.

-¡Dios mío!- exclamó Uriel-, dejemos de hablar y salvémoslo.

-¡No!- gritó Gabriel-, esto es un milagro.

Los cuatro se quedaron mirando como Magno se ahogaba, el pobre intentaba gritarles, suplicando por ayuda, pero no podía, tampoco es como si hubiese servido de algo; cada vez sentía menos aire en sus pulmones, cada vez se sentía más frío y vacío. Qué curioso, una cálida y deliciosa cena, rodeado de jóvenes que consideraba sus hijos, luces anaranjadas, un patio interior hermoso desde el cual entraba un riquísimo olor a azahar, qué mal momento para estar tan vacío de aire, de vida y de calor; para cuando llegaron los alguaciles y las doncellas, el presidente ya estaba muerto, tieso en el suelo, congelado.

Uno; en su ingenuidad, inocencia, despiste, o, más puntillosamente, desesperación, creería que esta muerte tan conveniente y penosa, lo solucionaría todo, no obstante, como ya mis buenos amigos sabrán, no fue así; los ministros creyeron que estaban salvados, que Máximo llegaría al funeral de su tío, un funeral de Estado con toda su pompa, que al día siguiente juraría el cargo, y ya está, todo listo, vidas salvadas, pero no fue así, al menos no la última parte, ¿a que no saben qué fue lo primerísimo que hizo Máximo nada más llegar al poder?, ¿no lo saben? Pues yo se los diré, su primera orden como jefe de Estado de la República de Molburgo fue: fusilar a todos y cada uno de sus espías, colaboradores y palmeros, entre los que se contaban los cuatro ministros, Gabriel, Uriel, Rafael y Miguel. Todos aquellos que pudiesen señalarle, todos aquellos a los que les debiese algo, se los quitó de en medio; al segundo día de entrar Máximo en Molburgo, fueron ejecutados los ministros, todos menos uno, Rafael, que logró escapar a tiempo, convencido de que la rata de Máximo cumpliría su fatal amenaza.

Este es, amigos míos, el final de esta historia, nuestra historia. Ya no sé nada más de este asunto, todo lo que he podido saber, lo he vertido en estas páginas sin dejarme nada en el tintero, os confieso que me causa mucha tristeza que acabe hoy mi pequeña aventura, pues durante estos dos meses, el investigar, el escribiros, seguir vuestro trabajo, ver las intervenciones del doctor Esaú en la televisión, leer los artículos de su discípulo Aarón en la prensa, todo eso ha sido maravilloso; como ya os dije, creó que fui yo el que os buscaba a vosotros, y no vosotros a mí, por ello, aún teniendo mucho que temer, me decidí a escribiros aquella primera carta, tan lejana ya.

Estaréis enterados de que hace un par de días quedé para almorzar con Josué, pues ambos acostumbramos a hacerlo, al menos, una vez al mes. Debo decirles que, durante ese almuerzo, Josué me comentó que vosotros ya habéis descubierto quién soy, y sin ayuda de nada ni nadie, solo con mis propias cartas, supongo que mi forma de escribir me delata, o que no me he ocultado bien, a lo mejor estaba deseando que me descubrieran. La verdad es que llevo demasiado tiempo viviendo mi vida siendo alguien que no soy, todo por el miedo. Llevo demasiado tiempo sin hacer mi deber, pues mi palabra podría hacer mucho bien, pero no lo hago, todo por el miedo. Sé que hay muchos jóvenes, y no tanto, que salen a las calles para dar sus vidas por la libertad, con la diminuta esperanza de que un medio extranjero se entere y quiera publicarlo, mientras yo, con una simple palabra, podría hacer infinitamente más, pero no lo hago, por el miedo.

El miedo, amigos míos, es lo contrario del amor, si el amor puede dar la vida, el miedo la quita. Por miedo he sufrido, he callado, he llorado y he muerto, si crees que estás vivo, prueba a vivir sin miedo, yo no puedo decir estas palabras, pues no las entiendo, las he tomado prestadas de mi querido Josué. Puede que algún día derrote al miedo y salga a la luz, y haga lo que debo hacer, o puede que no, y me muera con un sabor a arrepentimiento en el paladar.

Ahora, solo puedo daros las gracias por haberme encontrado y propuesto este trabajo, que ha aliviado algo mi dolor; me pesa enormemente tener que despedirme de tan buenos amigos, en realidad no quiero hacerlo, pero siempre se nos olvida que nuestras vidas son como una hoja que es movida por el viento, espero que el viento me lleve de nuevo a vosotros; os dice adiós, con el más cálido de los abrazos, vuestro amigo.

Capítulo 7

Querido Josué, Aarón y yo queremos hacerte saber lo buen colaborador que has sido, de hecho, tú has sido el mejor de ellos; el trabajo junto a ti, mas que trabajo, es un placer y un regalo, ni que decir tiene que tu ausencia se ha hecho notar durante este mes.

Con esta carta, también deseamos agradecerte tu trabajo y tu confianza, pues desde el primer momento actuaste alrededor nuestra con total sinceridad y naturalidad, compartiendo la historia de cómo emigraste a este país, y lo difícil que fue conseguir la aceptación de los nacionales. Al escuchar tal historia, yo y mi discípulo nos sentimos muy afortunados por haber pasado nuestra juventud ya en Hircastán, al emigrar nuestros padres cuando nosotros aún éramos pequeños y no teníamos conocimiento.

Queremos agradecerte, además, el haber hecho de intermediario entre nosotros y nuestro amigo, sin tu ayuda nunca hubiésemos podido contactar con alguien como él; nuestro querido anónimo ha aportado más luz a todo este misterio en dos meses que todos nuestros esfuerzos juntos.

Llegados a este punto, Aarón y yo debemos confesarte algo, Josué; él nos hizo llegar hace un par de días una séptima carta, sin mediación tuya (por eso no sé si tú estés enterado de la existencia de esta séptima carta), el escrito es realmente corto, en él, nos animaba a mí, y a mi alumno, a publicar las seis cartas anteriores, además, nos dijo que se estaba planteando revelar su identidad al público, aunque en dicho escrito no hizo referencia alguna a su identidad, aún sabiendo que nosotros ya somos conscientes de quién es él. Por otra parte, la carta en cuestión, no tenía ni saludo ni despedida, salvo por una escritura a mano en la esquina inferior derecha que decía: "A mis queridos amigos". Tampoco explicó por qué no nos hizo llegar la carta por mediación tuya, sino que lo hizo ocultándola en un paquete más grande; puede que me esté explicando demasiado, pero, como he dicho, no sé si estás enterado de algo.

De lo que sí estoy seguro, es de que, después de todo lo anterior, te estarás preguntando por qué no me refiero a nuestro amigo por su nombre, pues bien, he decidido hacerle caso y publicar sus seis cartas bajo un mismo título: <u>Cómo matar a un dictador</u>. Y creo que incluiré esta carta también, pues siento que podría ser el broche perfecto; por ello, considero prudente conservar su anonimato.

A razón de nuestra labor compilando las cartas, yo y Aarón nos hemos estado preguntando estos días si de verdad existe una fórmula eficaz para deshacerse de un dictador, o de una dictadura, hablando en términos más generales. Y, tras unas reflexiones, hemos llegado a la conclusión de que sí existe tal fórmula, y es más, te vamos a decir cual es, pero, antes de eso, hemos de advertir que la fórmula, o el secreto, no es invención nuestra, pues muchos maestros y sabios antes que nosotros la descubrieron y revelaron, para beneficio de la humanidad.

En orden de entender el fundamento de la fórmula, antes, hay que saber que el ser humano es una criatura de insaciables deseos, no termina de conseguir algo cuando ya quiere otra cosa; y también hay que considerar que el hombre, por naturaleza, está muy inclinado al mal, todos tenemos dentro un dictador, que quiere que todo sea a su voluntad; de suerte que el poder, la autoridad, debe quedar condicionado a muchas cosas.

Para condicionar, necesitamos control, que es la fórmula, y el secreto, el control; si el poder corrompe, el poder sin límite es corrupción sin límite. Si tales límites no son suficientes y no quedan fijados en una constitución que se haga respetar, las naciones están condenadas a la dictadura, de una forma u otra. El Poder nunca soltará el poder, por ello, es el pueblo el que debe enfrentarse y controlar al Poder, no obstante, los pueblos pueden ser engañados o atemorizados; a las personas se les puede arrebatar la confianza en su fuerza y en la de sus paisanos, de suerte que prefieran entregar un poder ilimitado a un líder que le solucione los problemas, siendo este el círculo vicioso del que se aprovechan tantos.

El día en el que el pueblo estime más su valía que la virtud de un azaroso líder, ese día, no se encontrará ninguna dictadura sobre la faz de la Tierra.

www.ingramcontent.com/pod-product-compliance
Lightning Source LLC
Chambersburg PA
CBHW061100250726
48653CB00001B/483